民族的神话

THE MYTH OF NATIONS

欧洲的中世纪起源

Patrick J. Geary
[美] 帕特里克·格里 著
吕昭 杨光 译

THE MEDIEVAL ORIGINS OF EUROPE

GUANGXI NORMAL UNIVERSITY PRESS
广西师范大学出版社
·桂林·

MINZU DE SHENHUA: OUZHOU DE ZHONGSHIJI QIYUAN
民族的神话：欧洲的中世纪起源

著作权合同登记号桂图登字：20-2016-358 号

图书在版编目（CIP）数据

民族的神话：欧洲的中世纪起源 /（美）帕特里克·格里（Patrick J. Geary）著；吕昭，杨光译. —桂林：广西师范大学出版社，2022.2（2023.7 重印）
ISBN 978-7-5598-2993-1

Ⅰ. ①民… Ⅱ. ①帕… ②吕… ③杨… Ⅲ. ①欧洲－中世纪史 Ⅳ. ①K503

中国版本图书馆 CIP 数据核字（2020）第 122827 号

广西师范大学出版社出版发行
（广西桂林市五里店路 9 号　邮政编码：541004
网址：http://www.bbtpress.com）
出版人：黄轩庄
全国新华书店经销
深圳市精彩印联合印务有限公司印刷
（深圳市光明新区白花洞第一工业区精雅科技园　邮政编码：518108）
开本：880 mm × 1 240 mm　1/32
印张：9　　字数：171 千字
2022 年 2 月第 1 版　　2023 年 7 月第 3 次印刷
定价：64.00 元

献给让·艾里奥（Jean Airiau）和吉姆·尤斯丹（Jim Usdan）

献给那些理解历史之于现实的重要性并了解

这两者之间存在区别的朋友和读者们

目　录

致 谢

在思考关于欧洲族群神话与当代民族主义现实之间关系的过程中，我从与他人的对话中获益良多，尤其是我在佛罗里达大学、加州大学洛杉矶分校、圣母大学和布达佩斯中欧大学的学生和同事们。在1994至1996年的学年里，加州大学洛杉矶分校的中世纪和文艺复兴研究中心（Center for Medieval and Renaissance Studies）在美国国家人文学科基金会（National Endowment for the Humanities）的资助下举办了一系列题为“创造族群：历史的滥用”的会议。在这些会议期间，我改进了对遥远的过去与现在之间关系的理解。作为特邀参加者，我参加了欧洲科学基金会（European Science Foundation）题为“罗马世界的变革”的项目会议，很荣幸地与欧洲许多学者进行了互动，他们在理解古代晚期族群变迁方面处于最前沿。

在我决定尝试与普通读者分享学到的关于族群历史的知识后，许多同事和朋友都给予了我帮助。过去几年，奥托·约翰斯顿（Otto Johnston）、詹姆斯·特纳（James Turner）、罗伯特·沙利文（Robert Sullivan）为阐明19世纪欧洲的背景提供了尤其多的帮助。斯蒂芬·法尔曼（Stephen Fireman）向我介绍了非洲族群演化的复杂性，雅诺什·巴克（János Bak）向我传授了许多关于20世纪中欧生活的实际情况。我要特别感谢赫维希·沃尔弗拉姆（Herwig Wolfram）、沃尔特·波尔（Walter Pohl）、汉斯·赫默（Hans Hummer）、詹姆斯·尤斯丹（James Usdan），他们每一位都阅读了这本书的初稿并提出了深刻的见解和意见。布丽吉塔·范·莱茵贝格（Brigitta Van Rheinberg）的卖力工作让这本书得以与不从事学术研究但想了解过去与现在关系的读者们见面。在起草本书手稿的过程中，霍利·J. 格里科（Holly J. Grieco）对我帮助甚多。这本书中有价值的内容很大程度上要归功于这些慷慨的学者和朋友们，而那些遗留下来的错误则都属于我。

前　言

欧洲的身份危机

就在几年前，当西欧人畅想未来时，他们的想法几乎全部是关于如何执行1992年已经确立的欧洲共同体（European Community）的经济和税收改革。一些人翘首企盼着统一货币、消除内部关税以及公民自由流动带来的前景，而另一些人却是在犹豫甚至恐惧中等待着这些改革的发生。不过，总体上来说，共同体内部的国家都是通过一个特别狭窄的视角来看待欧洲正在面对的问题。首先，他们都从非常褊狭的角度来看欧洲的构成。其次，他们更多地关注与未来经济问题有关的挑战，却对过去曾强烈爆发过的问题关注不足。组织的名称“欧洲共同体”暴露出一个问题——战后政治格局带来的安逸实际上缺乏深谋远虑。所谓“欧洲共同体”其实是名不副实的。它本质上是西欧共同体附加上已经造成诸多问题的希腊。对这些国家来说，“欧洲”的边界止步于所谓“铁幕”(Iron Curtain)，因为“铁幕”以东就是华沙条约组织（Warsaw Pact）了。“铁幕”以东的国家虽然贫穷，却是西欧不幸的远亲。它们不仅在经济上与欧洲共同体没多大关系，甚至在军事方面也与欧洲共同体越来越疏离了。

在这个“小欧洲”里，民族主义、经济竞争和社会矛盾这样的老问题仍然存在，但至少是可控的。北爱尔兰、科西嘉以及西班牙北部的分裂主义运动尽管依旧如火如荼，但都被限制在一定的范围内，并且在地理上也相互隔离。在南蒂罗尔（South Tyrol）、布列塔尼（Brittany）和加泰罗尼亚（Catalonia）等其他地方，20世纪70年代的小民族主义（micronationalist）运动已经广泛地演化成了民俗观光的卖点。在布鲁塞尔晋升为欧洲共同体首都的时候，甚至连瓦龙人（Walloons）和佛兰芒人（Flemings）之间的敌意都消退了。虽然曾导致几百年战争的国家边界早就通过条约来确定，并受到《赫尔辛基协议》（Helsinki Accords）的保护，但是，随着1992年改革计划的实施，国与国之间的边界似乎注定变得无足轻重了。英格兰对是否加入欧洲依然游移不定，但是，英国的其他地区却并没有这样的犹豫，而且“英吉利海峡隧道”（Chunnel）还有望将法国和英格兰联合起来，这将在一定程度上彻底结束英国在地理和心理上的孤立状态。在军事和经济上对美国的依附已经让欧洲烦恼了四十年，所以，欧洲共同体打算以与美国平等的伙伴身份出现在国际事务中：这不仅是摇摇欲坠的美国所面临的挑战，还是对作为重要经济力量的强大日本的挑战。1992年的欧洲打算成为勇敢的新世界，民族主义导致的老问题在其中简直没有任何重要性。

现在看来，这一观点是多么幼稚。几个月的混乱过后，当曾经隔离东欧，保护了西欧的“铁幕”升起时，显露出来的却是一个东起乌拉尔河的广阔而极度危险的欧洲。西欧的民主国家起初还对此报以狂热的回应，但当莫斯科引发的一波又一波的强烈冲击不可挽回地改变了欧洲从第二次世界大战结束以来早已适应的政治版图时，它们很快就变得又错愕又恐惧了。与此同时，已经贯彻了四十年的政治策略，为法国和德国提供了廉价劳动力，让英国能够偿还帝国时期欠下的“殖民债”，但也在西欧民主国家内部引起了一种仇恨外国人的情绪。

民族主义、民族优越感（ethnocentricism）、种族主义（racism），这些被认为早已从欧洲人灵魂中驱除出去的幽灵，在蛰伏了半个世纪之后，带着更加强大的力量重新回到了欧洲。苏维埃联盟分裂成了众多的自治共和国，但是，许多自治共和国并不比它们想要摆脱的苏维埃联盟更加稳定。曾经令人畏惧的华沙条约组织不复存在了，取而代之的是接连不断的相互斗争；债务缠身的政府被族群矛盾搅得不得安宁，希望能在新的世界秩序中找到一席之地。统一之后的德国正在寻求一种新的身份，大街上到处是要建立一个“德国人的德国”的呼声。在19世纪被称作火药桶的巴尔干半岛再一次爆发了内战。这些让人震惊的、持续不断的事件对西欧的震动不比对东欧的小，由此产生了一场深刻的身份危机，它引发人们思考：欧洲人如何看待他们自己，如何看待他们的社会以及他们的邻居。

“20世纪末的中欧和19世纪末的中欧完全一个样，这是多么讽刺的一件事。”一位奥地利历史学家在1991年如是评价。他道出的真相现在看来甚至更加明确了。巴尔干半岛、波罗的海国家（Baltics）、乌克兰、俄罗斯、克里米亚又一次出现了主张国家主权的呼声。虽然许多族群性的社会群体曾生活在社会主义制度主导的国际主义旗帜之下，但是，它们现在恢复自主了，可以把古老的血仇继续下去了。少数民族的权利以及宗教和语言的不同，这些曾经导致了两次世界大战的棘手问题又一次摆在了欧洲人的眼前。社会主义制度曾经反对过的所有事情都再次流行起来。这不仅意味着资本主义和个人主义变得普遍，还意味着反犹主义（anti-Semitism）、宗教沙文主义（religious chauvinism）以及古老的种族主义也日渐兴起。波兰的政治家们互相争着要成为最波兰的人，匈牙利人重新开始了与东面罗马尼亚人（Romanians）、北面斯洛伐克人（Slovaks）的争吵。塞尔维亚人（Serbs）和克罗地亚人（Croats）不仅相互厮杀，还都借着民族权利的名义杀害波斯尼亚人（Bosnians）。塞尔维亚人立下宏志要将阿尔巴尼亚人（Albanians）从他们神圣的科索沃彻底清除出去；经历北约空袭导致的恐惧之后，科索沃人则用与先前压迫他们的人同样残忍的手段对居于少数的塞尔维亚人展开报复。散落在原苏联境内的各个族群开始要求获得政治自决的权利。但是，没有一个人能够断言，车臣共和国（Chechnya）带来的恐慌是不是未来暴力的先兆。

每个族群的居住地都生活着其他少数族群，而且大部分族群都有成员以少数族群的身份生活在其他族群控制的地区。因此，当每个族群都着手进行恐怖的“族群清洗”(ethnic cleansing)以确保自己是一个族群统一的领土国家时，要求以族群身份为基础获得政治主权的主张就会不可避免地导致边界冲突、对少数民族权利的打压以及民间争斗。

对西欧的政治稳定而言，新出现的少数族群甚至比传统的地区分离主义运动的潜在威胁更加让人担忧，在德国和法国尤其如此。

1990年，一位德国同事曾带着思乡之情和忧虑之态告诉我：“联邦德国(Bundesrepublik)是个好祖国。”新的德国对她的孩子们来说是好是坏还无法判定。但是，随着两德统一，数以千计的难民从东欧涌入统一的德国，引发了一场危机。它的影响范围是过去半个世纪里所有危机都无法企及的，深刻地改变了多数派看待自己和他人的方式。曾经创造了德国经济神话的那代人如今逐渐进入退休年限，而他们的子孙在波恩制度(Bonn regime)带来的安逸中长大，似乎并不想从自己的好生活中让渡出一部分给东欧的穷兄弟们。东德人得到了西德经济中本应属于为德国创造了经济奇迹的沉默伙伴——来自土耳其和巴尔干的“客籍工人”们——的份额：这些“客籍工人”被来自前德意志民主共和国(DDR)的大批迫不及待的德裔工人排挤出德国，去往了法国和比利时。对这些东德的工人而言，他们要么在自己的家乡失业，要么就得在西德人的家乡做大量廉价的工作，所以，他们一面对那些已经定居德国的土耳其人和斯拉夫人(Slavs)投以怀疑的目光，一面又对波兰人、罗马尼亚人和其他在新德国为自己寻找更好生活的人们表现出毫不掩饰的厌恶之情。与此同时，投向前东德地区的联邦资金远远大于投向前西德地区的资金，这引起了那些已经习惯了慷慨而有支持力的国家体系的人们的敌对和紧张。

最极端的反应要数在前东德地区城市中复苏的种族主义暴力。相对没那么极端但很有可能更加危险的反应是，人们开始重新讨论谁有权分享德国繁荣这一问题。德国宪法已经承认了“返乡权”(right of return)，它授予在东欧说德语的居民后代比生于土耳其长于德国的人更多的特权。谁是德国人？外来移民可以成为德国人吗？还是说，德国人的身份是一个关于血统和种族的问题？这些问题曾经被提出来过，并且引起过可怕的后果。

德国是卷入欧洲变革最深的国家，但是德国的困境，尽管是最显而易见的，却绝不是独一无二的。在法国，数以万计的穆斯林——北非移民的后代以及近期通过合法手段和偷渡来到法国的穆斯林移民——引发了人们对法国国民身份的重新审视，这带来了让人忧虑的后果。对法国可能被伊斯兰化(Islamization)的担忧已经导致了法国仇外的右派的复苏，他们现在声称自己拥有超过三分之一选民的支持，在他们看来，法国人更多的是一个种族和文化的类别，而不是政治类别。例如，1991年9月，法国前总统瓦勒里·季斯卡·德斯坦(Valéry Giscard d’Estaing)把外国人移居法国称作对法国的入侵，号召用血统主义(droit du sang)代替属地主义(droit du sol)作为获得法国公民身份的标准。[1]与此同时，法国和比利时还试图对付那些被德国驱赶出境的二次难民，他们现在必须与数以万计失业或未充分就业的北非人进行竞争了。意大利和希腊面对着因逃离赤贫的经济状况和破产的政治体制而形成的阿尔巴尼亚难民潮。奥地利起初还担忧会在边境上被卷入其他国家的内战，现在却正在尝试应对来自罗马尼亚、保加利亚（Bulgaria）和前南斯拉夫（Yugoslavia）的大批难民。奥地利这个国家曾经在“纳粹侵略的首个受害者”的神话中怡然自得，在冷战双方的行动中享有中立地带的地位，但是，它的内部出现了一个带有强烈沙文主义和仇外元素的政党，这个政党甚至造成了奥地利的第三大政治运动。欧洲共同体的成员国是“移民之地”吗？只有“真正的”法国人、意大利人、丹麦人和英国人才能享有公民身份的好处吗？人们提出了这样的问题。这说明，民族主义和种族主义曾经臭名昭著的计划现在是多么地充满活力。

尽管欧洲发生的时事吸引了人们最多的关注，但人们不能忘记世界的其他地方，尤其是美国，也不可避免地受到了这些思潮的影响。虽然现在许多人把美国看作一个多族群的移民国家，但是，这并不是一直以来的情况：许多政治领袖认为，美国的民族性与英语和英国的民族传统存在密切的联系，所以，他们通过引发人们对丧失这种民族性的恐慌而不断获取支持。[2]这并不让人感到意外。我们的第三任总统，托马斯·杰斐逊（Thomas Jefferson），起初想要将第一批到达（并开始入侵）不列颠的撒克逊人（Saxon）首领亨吉斯特（Hengist）和霍萨（Horsa）

的画像放在美国的国徽上。杰斐逊认为，亨吉斯特和霍萨“是值得我们尊敬的祖先，我们继承了他们的政治原则和政体”[3]。19世纪末20世纪初，有一种意识形态——种族意义上的盎格鲁-撒克逊主义（Anglo-Saxonism），把爱尔兰人、南欧人和亚洲人排除出了美国人的行列。今天，带着仇恨的政治家们只要指出美国的官方语言不只是英语就能点燃人们仇恨的火焰。

作为研究中世纪早期史的历史学家，我观察到了这个正在发生的难题，听了民族主义领袖们的豪言壮语，还读了官方或半官方历史学家们的学术著作，我立即发现，人们对约公元400至1000年这一历史时期的理解深刻地影响了当今的这场讨论。突然间，一千多年前的欧洲历史再也不是学术课题了：对罗马帝国解体和蛮族迁徙时期的解读已经成为欧洲大部分地区政治话语的一个支柱。

在法国，民族阵线（National Front）的领袖让-玛丽·勒庞（Jean Marie Le Pen）宣称自己是法兰西民族的拥护者，在他的定义中，“496年，克洛维（Clovis）受洗标志着法兰西民族的诞生，它让构成法兰西民族灵魂的不灭之火燃烧了近一千五百年”[4]。1989年6月28日，塞尔维亚的铁腕人物斯洛博丹·米洛舍维奇（Slobodan Milosevic）组织了一次集会，有报道称，一百多万人参加了这场在科索沃波尔耶（Kosovo polje），即“黑鸟平原”（Blackbird Field），举行的集会。1389年的同一天，塞尔维亚军队在这里被奥斯曼土耳其人（Ottoman Turks）击败。斯洛博丹·米洛舍维奇明确说，他在这一时间和地点举行这场集会的目的是重申塞尔维亚人再也不要与这块饱受争议的土地分离的决心。[5]但是，阿尔巴尼亚多数派的主张可能比塞尔维亚人的主张更有说服力。因为自11世纪塞尔维亚人从拜占庭人手中夺得科索沃算起，他们控制科索沃的时间终究不到三百年。相比之下，阿尔巴尼亚多数派则声称，他们是这一地区原生居民伊利里亚人（Illyrians）的后代，因此，根据同样极端的逻辑，他们才是科索沃"最理所当然"的拥有者。这样的诉求和反诉求直接导致了惨烈的科索沃战争，即使到本书将要出版的时候，惨烈的战争仍然没有要结束的意思。

不是只有民族主义的政治领袖们为了政治目的玩弄历史，著名的学者们也被拖入了这场关于如何利用历史的争议性讨论中。特兰西瓦尼亚（Transylvania）经历过11世纪匈牙利人的严密防卫、12世纪撒克逊人的殖民，然后又被土耳其人、哈布斯堡王朝（Habsburgs）和匈牙利人统治，直到1920年才成为罗马尼亚的一部分；在这一地区，关于政治遗产的讨论是通过对9世纪历史的解读来表达的，专业的历史学家和考古学家在一定程度上成了讨论的主力。当游牧的马扎尔（Magyar）骑兵到达这里时，这里是兴旺的"本土罗马人"的居住地，还是它已经被斯拉夫入侵者夷为废墟了？罗马尼亚人认为，贫乏的考古证据给出的答案是肯定的，他们声称，他们的祖先瓦拉几亚人（Vlachs）从罗马时代开始就居住在这片土地上，所以，即使他们的统治被中断了一千多年，他们对这一地区仍然享有合法的权利。匈牙利重要的考古学家和历史学家们则提出，考古证据说明，在马扎尔人到达这一地区前，罗马社会的遗迹早就湮没无闻了，因此，特兰西瓦尼亚理应归匈牙利所有。另一个可以说明中世纪学者很容易被卷入现代政治的例子是奥地利右翼政治家约尔格·海德尔(Jorg Heider)的家乡卡林西亚省(Carinthia)。近期在卡林西亚西南部发掘出的山堡是6世纪斯拉夫人定居的证据，还是"本土罗马人"防御工事的遗迹？当一位奥地利考古学家公开支持前一种假说时，他被卡林西亚极右翼的政治领袖们告诫放弃这个观点，因为在他们看来，这样的假说支持了斯拉夫人可以在卡林西亚获得权利的观点。

这样的例子在整个欧洲不胜枚举。研究中世纪早期史的历史学家们本来并不习惯置身于政治争论的中心，但他们现在发现，他们所研究的历史时段突然成了一场关于过去的争论的关键，他们的言辞可能被用来对现在和未来宣称主权。

不幸的是，东欧和西欧的政策制定者们，甚至大多数学者们，都对这一时期的历史知之甚少，他们对促成欧洲社会形成的族群演化的真实过程了解得尤为不足。其他任何时期的历史很可能都没有像中世纪早期的历史这么模糊，而且还被民族主义和沙文主义的学者弄得更加模糊不清了。这种名副其实的模糊不清使它很容易就成为族群民族主义(ethnic nationalist)宣传的牺牲品：为了自己的权利诉求，他们可以毫无顾忌地曲解大迁徙时代[①]的历史，因为没有人对这一时期有更多的了解。投射于这个历史时期的一些假设一旦被接受，政治领袖们就能够从这段历史中引申出适用于他们政治计划的政策含义。

民族主义者们通过引证古代晚期的族群迁徙和早就消失的中世纪王国来证明他们要求的合理性，这些要求不仅威胁到了东欧的政治实体，也威胁到了西欧的政治实体。欧洲共同体能够只承认立陶宛人的“权利”而不承认科西嘉人的“权利”吗？欧洲共同体能只谴责塞尔维亚人对波斯尼亚人的侵略而不谴责英格兰人对爱尔兰人以及西班牙人对巴斯克人（Basques）的侵略吗？如果摩尔达维亚人（Moldavians）和斯洛文尼亚人（Slovenes）有权建立自己的主权国家，为什么佛兰芒人、加泰罗尼亚人和索布人（Sorbs）不可以呢？如果苏联曾经整合的地区，例如白罗斯，可以突然间产生民族自觉，那么巴伐利亚、布列塔尼、弗里斯兰（Friesland）、撒丁岛（Sardinia）和苏格兰是否也有这种可能呢？

许多人担心，数以千计的阿尔巴尼亚难民在布林迪西（Brindisi）引起骚乱的场景和来自罗马尼亚的吉普赛人在柏林街头乞讨的画面只是季斯卡·德斯坦所说的东欧绝望的人民入侵的缩影。这些绝望的人民被饥饿、内战和无政府状态驱赶到了西欧，而西欧已经有一千年没有经历这样大规模的移民或者说

① 大迁徙时代（migration period）指第一个公元一千年，国内一般译为“民族大迁徙时代”，但是这种释义实际上是对“民族”一词的误解和滥用，带有近代民族主义历史学的色彩。[脚注为译者对译文所做的补充和说明，尾注为原作的注释和说明。——译者]

人口迁徙（Völkerwanderung）了。就目前而言，至少科索沃人已经可以从阿尔巴尼亚和马其顿的难民营返回科索沃了。但是，下一个被族群仇恨和现代武器驱赶出自己祖籍的“族群”会一样幸运吗？还是他们会被东道主视作永远不会离开并且越来越不受欢迎的客人？

然而，在欧洲历史中，这样大规模的人口流动不是意外情况，而是一种普遍规律。现今的欧洲人操多种语言、遵循不同的传统、具有多样的文化和政治身份，这都是历史上多次移民潮的结果。第一批迁入欧洲的外来族群很可能说着被我们统称为印欧语系（Indo-European）的语言，他们代替或同化了居住在希腊、巴尔干和意大利的本土居民。第二批来到欧洲的是属于印欧语系的凯尔特人（Celts），公元前6世纪时，他们分布在今天的捷克斯洛伐克（Czechoslovakia）①、奥地利、德国南部和从瑞士到爱尔兰的地区，他们压制、同化或消灭了本土的欧洲居民，只有法国南部和西班牙北部的巴斯克人存活了下来。从公元前1世纪起，日耳曼人（Germanic）族群开始从东部向莱茵河驱赶凯尔特人，但是他们和凯尔特人都遭遇到了另一个入侵者，即正在扩张中的罗马帝国。与在小亚细亚（Asia Minor）和北非的做法一样，罗马帝国不仅征服而且罗马化了欧洲的许多地区。公元3世纪，日耳曼人和中亚的许多族群开始了新的迁徙，他们最终用众多独立的王国取代了罗马帝国的统治体系。在东部，

① 1993年，捷克斯洛伐克联邦共和国解体，分成捷克和斯洛伐克两个独立国家。

成群的斯拉夫人进入阿尔卑斯山、潘诺尼亚盆地（Carpathian Basin）、巴尔干半岛和希腊。第一个公元一千年结束前，最后一波大规模涌入欧洲的是到达多瑙河平原（Danubian plain）的马扎尔人以及到达诺曼底（Normandy）和英格兰北部的斯堪的纳维亚人（Scandinavians）。尽管许多学者认为，“大迁徙时代”在第一个公元一千年就结束了，但是，它的最后阶段却是随着13至16世纪土耳其人抵达希腊和巴尔干半岛才到来的。现在已经是第三个公元一千年的开端了，欧洲担忧着下一个人口迁徙时代到来的同时，仍然处于这次人口大迁徙带来的影响中。这两次人口迁徙之间的相似之处已经被清晰地指出了。法国记者和评论人克劳德·阿莱格尔（Claude Allègre）在《世界报》上发表的一篇文章中建议，人们只需要读一读我的著作《在法兰西与德意志之前》（*Before France and Germany*）——法国出版社的市场部门故意将这本书的标题改为《法兰西的诞生》（*Naissance de la France*）——就能看到“所谓有控制性的移民……怎样从内部摧毁了一个看似不可毁灭的世界”[6]。一些人可能想要把当代历史看作罗马帝国覆灭的重演，希望从历史教训中找到一条可以避免当代欧洲文明被新的蛮族毁灭的方法。

任何一位曾经花费多年精力研究这个族群形成和人口迁徙古老时期历史的历史学家都只能带着担心和鄙夷看待那些带有政治目的的民族主义和种族主义，尤其是在那些思想意识为了自证合理而滥用和曲解历史的时候。首先，这样的伪史假定欧洲的族群都是独特的、稳定的，它们是客观上可辨认的社会和文化单位，它们在语言、宗教、习俗和民族特征上各不相同，而这些用来区分它们的元素被认为是清楚明了和永不改变的。这些族群不是大概形成于史前某个不可追溯的时期，就是在中世纪的某个时期经历了族群演化的过程，然后就永远地停止了族群演化。

其次，族群宣言要求所有人的政治自主权都归属于某个特定的族群，同时还提出一个族群有统治历史上曾属其所有的领土的权利，领土的界限通常根据族群在中世纪早期的聚居地或建立的王国而定，而不管这块领土上现在居住的是何人。这样的双重标准让立陶宛人可以在要求自治的同时镇压波兰人和俄罗斯人，也让塞尔维亚人可以对曾经属于“塞尔维亚人”、现在被穆斯林占据的波斯尼亚地区以及被塞尔维亚人占据的克罗地亚地区提出要求。它还让爱尔兰共和军（Irish Republican Army）一面要求在爱尔兰南部实行多数派统治，另一面要求在北方实行少数派统治。这些要求包含着一个观点，即存在一个“最初获得”领土的准确时期。对日耳曼人（Germans）来说，这个时期是1世纪，对法兰克人（Franks）来说是5世纪，对克罗地亚人来说是6世纪和7世纪，对匈牙利人来说是9世纪，以此类推：这个“最初获得”领土的时期永远地决定了土地合法所有权的地理边界。根据这个循环论证的逻辑，在“最初获得”时期之后，相似的人口迁徙、入侵或政治合并都是不合理的。在许多情况下，这意味着长达一千五百年的历史应该被清除掉。

同样让人不安的是，国际社会，甚至包括那些多元主义的社会，例如美国，在很大程度上也接受了这样一些基本前提：族群是一种客观存在的现象，一个族群的存在决定了它拥有自治的权利。换句话说，我们想当然地认为，在某种角度上，政治身份和文化身份实际上并且应该被统一起来。无疑，如果立陶宛人和克罗地亚人拥有他们自己的语言、音乐和服装，那么，他们就有权利拥有自己的议会和自己的军队。确实，国际社会必须尝试限制古老族群冲突带来的一些不可避免的后果，比如族群内部的斗争，但是族群自治的古老权利却被当作一个原则，很少受到质疑。事实上，人们还可以更进一步。对美国和西欧的孤立主义者们来说，要求延续古老的族群权利和历史遗留的血仇是有用的。如果这些人“一直”都是相互仇恨的，如果他们的身份和冲突都是固定不变的，那么，想要结束这些战争的努力都是无用的。即使承认了对民族主义言辞的厌恶，世界上其他地方还是可以利用族群民族主义的言辞，为建立族群“纯粹”的民族国家进行辩护，认为它是避免种族灭绝的唯一方法。

实际上，欧洲的族群以及他们认为的政治自治权都不是特别古老的事物。对主权的主张是东欧和中欧正在经历的现实，它产生于19世纪。在这一时期，人们将卢梭和黑格尔的浪漫主义政治哲学、“科学的”历史学以及印欧语文学结合起来，创造出了族群民族主义。这个伪科学已经把欧洲摧毁了两次，还有可能会摧毁第三次。欧洲的族群一直比近代民族主义者们想象的更加易变、复杂和充满活力。尽管一些族群的名称在一千多年后似乎仍为人熟悉，但这些名称曾经涵盖的社会、文化和政治现实却与它们现在所涵盖的大为不同了。因此，我们需要对欧洲的族群做出新的理解，尤其要对欧洲身份形成时期里——第一个公元一千年里——的欧洲族群做出新的理解。我们还需要知道那些公认的传统，就是那些曾召唤无数人走上街头并在20世纪将不可计数的人送进了坟墓的传统，是如何在一个多世纪以前才逐渐成型的。

在接下来的几章里，我们尝试对这个新的理解做一个概述。我们首先会对近代族群民族主义的起源和18、19世纪的近代历史研究做一个简短的考查。然后，将简要地考查公元前5世纪至古代晚期的欧洲人用来辨别并描述自己的知识和文化类别的发展过程。在这之后，我们将会研究“欧洲族群”发展的决定性时期——古代晚期和中世纪早期——的历史背景，这一时期就是伪“最初获得”时期，它再一次广泛地隐约出现在了欧洲神话中，并且成为全世界处理“族群”问题时需要遵循的指导原则之一。没有人会天真地认为，清晰地理解了欧洲族群的形成会减轻民族主义的冲突或限制它们造成的仇恨和杀戮。我们只能希望，无论是在欧洲、中东还是其他地方，当人们被号召去实现那些基于滥用历史而提出的主张时，都能更加谨慎。即使连这个目标都无法实现，历史学家仍然有义务大声地说出事实，哪怕他们的声音很可能会被忽略。

第一章

一道有毒的风景：19世纪的族群观与民族主义

现代历史学诞生于19世纪，它是作为欧洲民族主义的工具而被构想和发展出来的。作为民族主义意识形态的工具，欧洲的民族史学取得了巨大成功，但是，它将我们对过去的理解变成了一个有毒的垃圾场，里面充满了族群民族主义的毒气，而且，这种毒气已经渗透进大众的意识中。对今天的历史学家来说，清除这个垃圾是一个很容易让人却步的挑战。

中世纪早期居住在欧洲的民族的真正历史不是从6世纪开始的，而是从18世纪开始的。这样说并不是要否认生活在遥远过去的人们曾经有某种民族或集体认同感，而是，过去两个世纪的文化活动和政治冲突完全改变了我们对社会群体和政治群体思考的方式，我们不能再装模作样地对中世纪早期的社会分类提供一种“客观的”观点，假装这个观点没有受到这两百年的影响。根据我们当前的认识，不仅族群民族主义在某种意义上是这两百年的发明，还要看到，我们假装用来进行历史学科学研究的分析工具也是在更广泛的民族主义思潮和民族主义偏见中被创造和完善的。用来研究和写作历史的现代方法不是没有倾向性的学术研究工具，而是特别用来推进民族主义目标的工具。既然研究对象和研究方法都不可靠，那么，只有在开始的时候简单地回顾一下导致它们被发明的过程，从而认识到我们调查的主观性，才是公平的做法。

族群民族主义与革命时代

民族主义在18世纪和19世纪出现的故事已经被讲过很多遍了。有人将当今以族群为基础的民族国家（nation-states）描述成“想象的共同体”（imagined communities），认为它们是由19世纪的知识分子和政治家们创造出来的，是这些人将早期浪漫主义的民族传统变成了政治纲领。[1]事实上，大量的书籍和文章——有些是学术性的，其他的则是面向大众的——都表明，很多“古老的传统”，从民族身份到苏格兰格子花呢，都是政治家或企业家们在近代的幼稚发明。这样的描述非常真实，尤其因为，它使人们关注到，在关于所谓古代意识形态的详细描述中，近期的个人和群体起到了形成性的影响。然而，与此同时，如果因为这些共同体在某种程度上是“想象出来的”，就推定它们应该被抛弃或被当成不重要的事情，或者认为“一定程度上被想象出来的”就等于“虚构的”或“无足轻重的”，那么，这将是非常荒唐的。首先，虽然当今这种以族群为基础的民族国家可能确实是由19世纪的浪漫主义者和民族主义者创造出来的，但这并不意味着历史上不存在其他形式的想象的民族——即使与近代的民族不同，它们却一样强大。19世纪的学者、政治家和诗人不是简单地编造了历史，他们利用了已经存在的传说、书写材料、神话和信仰。为了构建政治统一体或政治自治权，他们只不过采用了新的方法来利用这些元素。其次，虽然这些共同体从某种意义上来说是想象出来的，但是，它们非常真实和强大。历史上所有重要的现象在某种程度上都是心理现象，而心理现象——从宗教极端主义到政治意识形态——杀死的人很可能比黑死病（Black Death）杀死的人还多。

作为一种强大的政治意识形态，民族主义出现的具体过程在欧洲各个地区以及欧洲之外的地区表现出了巨大的差异。在缺乏政治组织的地区，例如德国，民族主义提供了一种可以用来创造和提升国家权力的意识形态。在政府强大的国家里，例如法国和英国，政府和思想家们则无情地压制少数民族的语言、文化传统以及关于历史的不同记忆，以便形成一个统一的民族历史和相似的语言、文化，进而把这种统一性扩展到过去。在多族群的帝国里，例如奥斯曼帝国和哈布斯堡帝国，那些以被压迫的少数民族成员自居的人不仅利用民族主义来要求获得成为独立文化实体的权利，还因此要求获得政治自治的权利。

民族主义意识形态激发独立运动的典型模式——特别是发生在东欧和中欧的独立运动——都假设创造这些被想象出来的共同体需要三个阶段。[2]第一阶段，一小撮“觉醒的”知识分子对一个被统治民族的语言、文化和历史进行研究；第二阶段，一群“爱国者”向全社会散播学者们的观点；最后，民族运动在第三阶段被传播到最广大的群众中。[3]从18世纪的德意志到19世纪的奥斯曼帝国、哈布斯堡帝国和俄罗斯帝国，最后到20世纪殖民地时代和后殖民时代的亚洲、非洲和美洲，想象的共同体被创造的过程都大同小异。

大多数信奉民族主义的人不会对这个关于民族觉醒和政治化过程的总体描述提出异议。但是，有一个问题却引起了激烈的争论：“觉醒的”知识分子仅仅是认识到了一个已经存在的被压迫的民族，还是他们发明了他们所研究的民族。例如，与其他许多学者不同，克罗地亚历史学家伊沃·巴纳克（Ivo Banac）认为：“一种意识形态为了被接受必须从现实出发。民族主义可以尝试讨论一个群体被压迫的状态，但却不能创造这些状态。”[4]在以下这个层面上，他完全正确：如果人们没有被压迫和被歧视过，那么，向他们做出帮他们摆脱这些困境的承诺是不大可能会起作用的。但是，从另一个角度来理解，这样公式化的观点却隐含着危险：它意味着，群体——例如历史上潜在的民族——早在被知识分子们认识到以前就已经存在了；对每个特定的群体来说，被压迫的境况都是独特的；民族主义是这些灾祸专属的解决之道。换句话说，即使民族主义并未编造民族被压迫的状态，但它肯定能制造民族本身。19世纪，在革命和浪漫主义的影响之下，随着老贵族阶层在政治竞技场上的明显失败，知识分子和政治家们创造了新的民族。接着，他们将创造出来的民族投射到了久远的中世纪早期。

近代民族主义诞生的文化背景起初是欧洲知识精英群体对古代社会的迷恋，法国和德国知识精英表现得尤为突出。他们对古典文化和古典文明的迷恋主要得益于尼德兰、法国和德国大学的培养，比如哥廷根（Göttingen）大学。这种迷恋为自我认知和身份认同的根本性逆转奠定了基础，彻底消除了几个世纪以来各种各样的社会身份。

民族主义之前的群体身份

在中世纪中期和文艺复兴早期，“民族”与宗教、血统、贵族权力和社会阶层一起，为活跃于政治领域的精英们提供了一种相互交叠的、可以用来标识自己和组织协作行动的方式。然而，对一个民族的归属感并没有成为他们之间最为重要的纽带。共同的民族身份没有将社会高层与低层、领主和农民团结成一个深刻意识到有着共同利益的共同体。知识分子和社会精英们更无法通过把民族身份投射到遥远的大迁徙时代来获得最基本的自我认同。相反，他们太过期望能在遥远的古代找到统一性，以至于他们自觉地认同了罗马的社会和文化。

然而，从文艺复兴开始，法国、德意志和东欧的知识分子们却逐渐开始将自己认同为罗马帝国主义扩张的受害者了，比如高卢人（Gauls）、日耳曼人或斯拉夫人。产生这种身份转变的政治背景决定了它们后来不同的走向。在文艺复兴时期，法国的君主政体展现出了惊人的连续性，政府的存在从来没有受到质疑，反而是单一的法兰西民族曾受到过怀疑。在德国，虽然作者们从9世纪开始就偶尔地提起日耳曼人，但是，由于没有一个统一的日耳曼人政府，他们对日耳曼人文化传统的认识并不一定与政治传统相对应。在其他地区，比如波兰，"民族"感情只是贵族阶层的特权，他们与那些在他们土地上劳作的农民之间很少有，甚至没有任何感情的共鸣。

法国人关于法国人身份的认识是在绝对主义王权与贵族或平民的对立中发展起来的。国王与贵族，或者说第一等级①，就统治权的归属展开了争论。国王和贵族要求获得统治权的宣言都基于这样一个观念：从尤里乌斯·凯撒（Julius Caesar）时代起，平民，也就是第三等级，构成了奴隶种族，高卢人被罗马征服之后就丧失了自由，因此，他们作为劣等人无权获得政治自主。这一描述利用了一个在中世纪发展起来的古老传说，这

① 在法国的三个等级划分中，贵族应属第二等级，第一等级为教士阶层。此处为作者笔误。

个传说用各种思维观念证明了农奴制度的合理性，这些思维观念将农民简化为一种可以遗传的、几乎非人的状态。[5]相反，贵族阶层并不是高卢人的后代。他们是法兰克人的后代，也就是说，他们是那些进入高卢，打败并驱逐罗马地主，建立起了统治权的"自由"战士的后裔。这些观点利用了1世纪罗马史家塔西佗（Cornelius Tacitus）所描绘的形象，他对自由的日耳曼人大加赞颂，和那个时期的罗马人形成了鲜明的对比。这些观点还要求对图尔的格里高利（Gregory of Tours）的著作以及中世纪早期的其他材料进行特别的解读，以便突出法兰西民族（nation française）具有的自由的日耳曼特性。

究竟谁才应该拥有统治权，是作为一个整体的贵族阶层还是国王？这是讨论的要点。1588年，王室宣传者居伊·德·戈吉尔（Gui de Coquille）甚至认为，法国王室家族的创建者、所有法国国王的祖先于格·卡佩（Hugh Capet）有撒克逊人的血统。撒克逊日耳曼人的背景使他的王位继承者成为真正的法国人，用法语说就是"vrai François"。[6]18世纪，像路易·德·圣西门（Louis de Saint-Simon）、弗朗索瓦·德·费内隆（François de Salignac de Fénelon）和亨利·德·布兰维利耶（Henri de Boulainvilliers）这样的贵族都赞同这个观点，即古代晚期的高卢人本质上是一个奴隶的种族。5世纪时，自由的法兰克战士通过征服获得了高卢地区。只有他们以及他们的子孙后代——贵族阶层——才是真正的法国人。国王应该与他们分享权力，就像查理曼（Charlemagne）所做的一样。

波兰也发展出一个类似的传统，波兰的精英们试图全然否认他们的斯拉夫人血统。早在16世纪中期，波兰的编年史作家们就已经宣称，波兰的精英阶层不应该把在土地上劳作的广大斯拉夫农民视作是和自己一样的人，而应该认同萨尔马提亚人（Sarmatians）的身份，因为萨尔马提亚人是一个曾被希腊和罗马民族志作者们提及的古老的草原民族。[7]到17世纪，萨尔马提亚血统论已经成为贵族（szlachta）精英们用来将自己与下等社会阶层区分开来的工具了。[8]

革命的民族主义

法国大革命改变了一切，但唯独没有改变人们对过去的想象。尤其在法国，革命时期流行的宣传虽然接纳了法兰克人和高卢人的双元认同方案，但完全颠覆了这个方案包含的意义。法国革命理论家西哀士（Abbé Sieyès）撰写的关于第三等级的小册子产生了巨大的影响：他虽然接受了贵族阶层的日耳曼血统论，却认为这让贵族阶层对法国而言成了一个外来的、入侵性的因素。真正的法国人是高卢人的后裔，他们长久以来忍受着外来者的奴役，先是罗马人，后来是法兰克人。是时候将这个外来的种族赶回到法兰克尼亚（Franconia）的森林里，将法国还给第三等级，也就是真正的法兰西民族了。

但是，这种民族主义的言论却与官方的革命意识形态南辕北辙。因为官方革命意识形态在宣扬每个国家的人民都应该独立并拥有主权时，并不认为"人民"可以由语言、族群或血统来定义。相反，支持公益反对特别利益，接受自由和共和国的法律，这才是人民所应该具备的。[9]不过，从更实际的层面来看，这个隐含的假设却坚持认为法兰西民族应该用共同的文化传统来定义，尤其是用法语表达的共同的文化传统。

作为德意志民族主义的先锋，约翰·戈特弗里德·赫尔德（Johann Gottfried Herder）和哥廷根学派的历史学家们也利用了塔西佗神话。但是，他们最初只是在语言和文化统一体的背景中对其进行解读，并没有预先假定或提出一个政治的统一体。自从塔西佗的《日耳曼尼亚志》（*Germania*）在15世纪末被重新发现，人文主义者们就迷恋上了一个自由的、纯粹的日耳曼人的形象。从康拉德·策尔蒂斯（Conrad Celtis）的《日耳曼尼亚解说》（*Germania illustrata*，1491）到雅各布·温斐林（Jacob Wimpheling）的《日耳曼人简史》（*Epitome rerum Germanicarum*），再到海因里希·倍倍尔（Heinrich Bebel）的《日耳曼人的谚语》（*Proverbia Germanica*），以及其他作家，他们都在寻找一个德意志统一体以及关于它的历史。不过，这个统一体仍然是纯粹文化意义上的统一体，并非政治统一体。说德语的地区从来没有合并成一个独一的、文化上同质的王国。即使是在中世纪，"神圣罗马帝国"（Holy Roman Empire）一直都包括了重要的斯拉夫语和罗曼语（Romance）语区。而且，宗教改革（Reformation）和三十年战争（Thirty Years' War）导致的深刻分裂使政治和社会统一体直到19世纪才进入文化视角的领域。[10]

但是，在文化民族主义中出现了一些特点，一旦文化民族主义被政治化，这些特点就会变成进行政治动员的强大工具。这些特点包含了这样一个信念：德意志"民族"早在公元1世纪就已经存在了，公元9年，日耳曼人首领阿米尼乌斯（Arminius）曾在条顿堡森林（Teutoburg Forest）击败罗马将军瓦罗斯（Varus）并摧毁了他的军队。这些文化民族主义者还颂扬德语，他们不仅认为德语是德意志人身份的具体表现，还强调教育是延续和强化人们对这一民族遗产热爱之情的方法。

相信德意志"民族"的存在并不意味着一种政治使命，尤其不意味着进行扩张的使命。赫尔德的思想缺乏政治维度的思考，这一点最有力的证据莫过于赫尔德认为不唯德国，而且是每个民族都有权在自己的精神气质的基础上发展壮大。赫尔德对斯拉夫人的热情也许比对德意志人的热情更高，他竭力主张斯拉夫世界用自己的文化代替"正在衰败的拉丁－日耳曼文化"。赫尔德和哥廷根学派的"民族主义"一直是文化活动而不是政治行动。

直到拿破仑时期，德意志政治民族主义才步履蹒跚地出现，它是对法国击败普鲁士和占领莱茵兰地区的回应。1804年至1808年担任普鲁士王国首相的施泰因男爵（Freiherr vom Stein）

是引导民众抵抗法国人的重要力量，最终在民众中激发起了反抗精神。他强烈要求，在法国人被驱逐之后，诗人和作家们都要为塑造统一的德意志民族形象添砖加瓦。德意志民族的边界显然是不确定的。先前的神圣罗马帝国里只有百分之二十五的人说德语。在普鲁士王国内，除德语外，人们至少还使用六种其他的语言，包括波兰语、拉脱维亚语（Latvian）、卢萨蒂亚语（Lusitian）和爱沙尼亚语（Estonian），不过，大多数知识分子却说法语。说德语的地区不仅因为政治而分裂，还因为方言的不同、宗教和三十年战争以来相互仇恨的历史而四分五裂。不仅如此，就连普鲁士国王也对所有的群众运动充满警惕，生怕民众会参与到教育和政治领域中。

因此，像弗里德里希·戈特利布·克洛卜施托克（Friedrich Gottlieb Klopstock）、赫尔德和戈特霍尔德·埃夫莱姆·莱辛（Gotthold Ephraim Lessing）这样公开支持文化统一体的作家们一开始并没有在政治领域获得反响。德意志的诸侯们在政治统一中无利可图，而中产阶级则没有政治兴趣和政治纲领。瓦恩哈根·冯·恩斯（Varnhagen von Ense）是一位有教养的上等阶层的普鲁士人，当他看到国王因在耶拿会战（battle of Jena）中大败于拿破仑而不得不在1806年离开柏林时，他没有感受到任何爱国主义的忧虑。他与其他和他有着相似出身的人都为国王感到难过，但是，他们“就是无法鼓起任何真诚的政治热情，政治报道和公报甚至都没办法成为他们一整天唯一的关注点”[11]。

相反，许多对政治抱有兴趣的德意志知识分子都是自由主义者，他们以乐观的态度迎接拿破仑的胜利。

支持把赫尔德的文化理想政治化的力量既不来自德意志的主流知识界，也不来自普鲁士国王，而是来自英国。为了继续向拿破仑施加压力，英国试图在法国东面引起民众的反抗。英国希望通过支持普鲁士的造反者开辟出“第二个旺代”（second Vendée），即一个内部的游击队式的抵抗运动，类似于法国保王党在旺代地区顽强抵抗革命的做法。①英国的目标与施泰因男爵不谋而合，他确信容克（Junker）阶级已经没有能力挽救普鲁士了，为了能对法国进行更加有效的抵抗，他试图在王国内受过教育的文化精英中培养出一种爱国主义感情。要实现这一目标，就要调动起前几代文化民族主义者感情中的一些元素：强调共同的语言（而不是强调共同的宗教或政治传统，因为这两者根本不存在）；实施一项国民教育计划；强调公民地位是连接民族过去与未来的纽带。[12]这样一来，施泰因的利益与英国人的利益变得一致了，英国对那些愿意将文化和政治联系起来的知识分子提供了资助。

约翰·戈特利布·费希特（Johann Gottlieb Fichte）是这些德意志知识分子中的领袖人物，他渴望将日耳曼文化政治化。他

① 旺代叛乱：1793至1796年，法国西部旺代省周边农民和保王党人发起的反抗法国革命共和政府的叛乱。这场叛乱以往被看作是拥护传统宗教价值的农民与代表革命激进理念的中央政府之间的冲突，但近年来越来越多的历史学家倾向于认为，是革命政府的改革措施加剧了城乡矛盾，导致了旺代叛乱的爆发。

达成这一目标的方式是将1世纪的罗马人等同于当下的法国人，将他和当代的德意志人等同于反抗罗马扩张的日耳曼抵抗者。这样一来，塔西佗在《日耳曼尼亚志》中对日耳曼人美德的描写和在《编年史》(*Annales*)中对阿米尼乌斯及其大败瓦罗斯和罗马军团的记述都成了检验统一的德意志人身份的标准。通过这样的解读，费希特找到了一个在神圣罗马帝国造成复杂政治局面之前就已经存在的德意志统一体，而且还证明，德意志人历史上就曾经抵抗过罗曼语入侵者。费希特在他的著作《告德意志同胞书》(*Addresses to the German Nation*)中发展出了一个独特的德意志人身份：一方面，它与斯拉夫人形成了对比，因为“与欧洲的其他民族相比，斯拉夫人似乎还没有足够清晰地显露出来，以至于人们还无法明确地描述他们”；另一方面，它与罗马化的“条顿人的(Teutonic)后裔”，即法国人也形成了对比。[13]与这两者不同，德意志人身份的核心优势在于地理和语言上的连续性。在19世纪，语言与身份之间的联系绝对不是什么新鲜事。[14]早在半个多世纪之前，法国哲学家埃蒂耶纳·博诺·德·孔狄亚克(Étienne Bonnot de Condillac)就已经提出，“每种语言都表达了说这种语言的人的特点”[15]。然而，费希特用非常特殊和带有煽动性的方式发展了这一传统。在他的第四演说词中，他宣称，德意志人是众多“新-欧洲人”中唯一一个仍然居住在他们祖先居住地并且保留了他们原始语言的民族。[16]尤其是德语这门语言，它将德意志人团结起来，使他们与上帝创世直接联系在了一起，这是像法国人这样接受了拉丁化语言的民族所不可能实现的。因为德语与罗曼语系的语言不同：罗曼语系的语言以拉丁语和希腊语的词根为基础来构建自己的词语，而这些词根是在远离说罗曼语的人居住的地方形成的；德语则完全是在日耳曼的元素上发展出来的，从一开始就是用来描述现在仍然由德意志人居住的这个地区的。因此，德语这种语言可以很快地被所有说德语的人听懂并理解，它在说德语的人与他们生活的环境之间建立起了一种即时的、相互的联系。

我们必须把费希特的《告德意志同胞书》放在当时的语境下进行理解。在人们普遍认为法国的占领将会持续很长时间的时代背景中，这本书里的文章可以被称作“活命主义的文字”，因为作家的目的是要给人们希望，鼓励人们在被法国人占领的背景下进行反抗。虽然法兰西帝国的迅速垮台结束了德意志人对这种情感的独特需要，但是这种情感经过转世，带来了严重的后果。

虽然知识分子，比如费希特，对政治事业的参与可能对拿破仑战争的结果并没有很大的影响，但是，他们的参与以一种新的方式将知识分子与政治界和现实斗争联系在了一起。当他们参与到政治活动领域时，他们获得了新的声望、财富奖励和官方的优待。虽然1815年召开的维也纳会议（Congress of Vienna）在拿破仑之后重建了欧洲秩序，但是，德意志知识分子与政治界的强大联合并没有因此结束。为实现德意志统一，曾在拿破仑战争期间负责招募知识分子的施泰因强化了学者与政治家之间的联系。1819年，他创建了“德意志古历史文化研究学会”（Gesellschaft für ältere deutsche Geschichtskunde），学会的箴言“对祖国的神圣之爱给人以勇气”（Sanctus amor patriae dat animum）看似陈词滥调，却概括出了一个纲领。这个学会是一个私人组织，它的创建征求了许多非常著名的知识分子的建议，例如歌德、威廉·冯·洪堡（Wilhelm von Humboldt）、格林兄弟（the Grimm brothers）、弗里德里希·卡尔·冯·萨维尼（Friedrich Carl von Savigny）和卡尔·弗里德里希·艾希霍恩（Karl Friedrich Eichhorn）。来自德意志各诸侯国和德意志邦联（German Bund）的捐款为学会提供了资金，学会开始致力《日耳曼重要历史文献集》（*Monumenta Germaniae Historica*）的编辑和出版。起初，这些捐款很难到位，德意志的诸侯国没有强烈的捐款热情，而施泰因出于爱国的原因并不愿意接受外人的捐款，例如来自俄国沙皇的捐款。直到政治家们逐渐意识到爱国史学能对抗革命的意识形态后，施泰因才找到可以用来继续这项计划的资金。

然而，资金只是其中的一个难题。另一个难题是确定哪些是日耳曼人历史上的重要文献。筛选的依据是科学的印欧语文学（Indo-European philology）原则，它们是由荷兰的古典语文学研究者以及才崭露头角没多久的哥廷根古典语文学研究者们发展出来的。

印欧（Indogermanisch）比较语文学诞生于1786年。这一年，英国的东方专家威廉·琼斯爵士（Sir William Jones）认识到，梵语、希腊语和拉丁语是从同一个源头发展而来的，而哥特语（Gothic）、凯尔特语（Celtic）和波斯语（Persian）也很可能来自这个语族。[17]二十二年后，德国语文学家弗里德里希·冯·施勒格尔（Friedrich von Schlegel）进一步发展了琼斯的观点，不过，他在著作《印度人的语言和智慧研究》(*Über die Sprache und Weisheit der Inder*)中提出，希腊语、拉丁语、波斯语和日耳曼语族都来自梵语。在接下来的一代知识分子中，德意志学者弗兰茨·博普（Franz Bopp)、雅克布·格林（Jacob Grimm）以及丹麦学者拉斯姆斯·拉斯克（Rasmus Rask）接受和修订了这些刚刚萌发而且相当直观的联想，并发展出一个可以考查语言发展过程和近似性的方法，最终创造出一门新学科——印欧语文学。[18]这门快速发展的学科不仅明确了语族的构成和分类，提出了斯拉夫语族、日耳曼语族、希腊语族和罗曼语族的概念，还使对这些语言最初形式的科学研究成为可能。自文艺复兴以来，德意志的人文主义者们就被当代日耳曼语族内各语言的相似度所吸引。他们对古代语言之间的联系感到好奇，例如，由传教士乌尔菲拉（Ulfilas）主教在4世纪翻译的哥特语《圣经》与“克里米亚的哥特人”群体之间的关系，据说这一群体到16世纪时仍然说一种可以被识别的日耳曼语。这样一来，把有关欧洲各种语言的知识组成一个相互关联的、在历史上存在细微差别的知识体系成为可能。语文学，无论是关注希腊语和拉丁语文献的传统古典语文学还是新兴的日耳曼语文学，都是推动《日耳曼重要历史文献集》这项新的科学事业的重要方法论。

施泰因对德意志古历史文化研究学会的规划不只是以《日耳曼重要历史文献集》的形式编辑和出版关于德意志历史的原始资料。在编辑这些原始资料之前，先要建立一个用来登记德意志历史原始资料的标准。这意味着要在历史中定义德意志，并把这个历史看作德意志固有的历史。承担这项任务的学者们并不是极端的政治民族主义者。不过，他们的工作却极大地拓展了民族主义者们的野心。根据编辑们的主张，在说日耳曼语的族群曾经定居过或统治过的地区内写成的文献以及所有关于这些地区的文献都应该被认为是具有纪念意义的文献。《日耳曼重要历史文献集》的编辑们首先提出，曾被"德意志民族的神圣罗马帝国"（Holy Roman Empire of the German Nation）统治过的所有地区都应该被包含在内，即从意大利南部到巴尔干半岛的区域。此外，他们附加上了整个法兰克人的历史，包括在墨洛温王朝（Merovingian）和加洛林王朝（Carolingian）治下的高卢地区，即今天的法国和比利时，写成的编年史和法令；收录了西哥特人（Visigoths）、勃艮第人（Burgundians）和伦巴底人（Lombards）的法律，以及那些曾在今天的意大利和罗纳河谷

（Rhone valley）定居过的说日耳曼语的族群的法律；还将佛兰德尔伯爵领地和斯凯尔特河（Schelde）以东的尼德兰划入其中，因为说日耳曼语的弗里斯兰人（Frisians）曾经殖民过这些地区。通过出版一系列古代作家的作品，他们将一些非洲人并入了德意志历史中，例如描写过非洲日耳曼汪达尔人（Vandals）的维克多·维特瑟斯（Victor Vitensis）。同样地，还有高卢－罗马人（Gallo-Romans），如奥索尼乌斯（Ausonius）；罗马元老院议员，如卡斯多里乌斯（Cassidorius）和斯马科斯（Symmachus）。《日耳曼重要历史文献集》采用的视角带来了这样的结果：它在德意志的定义中表现出了极大的野心，这样的野心是《德意志人之歌》（*Lied der Deutschen*）都不敢言明的，这首歌曾因“从默兹河到梅梅尔，从阿迪杰河到贝尔特”（Von der Maas bis an die Memel/Von der Etsch bis an den Belt）的诗句而臭名昭著。

通过定义德意志历史的原始资料，《日耳曼重要历史文献集》为德意志历史划定了边界。哥特人、法兰克人、勃艮第人、汪达尔人以及其他的早期“族群”被纳入同一个连续不断的历史中，它开始于中世纪神圣罗马帝国创建之前，一直延续到了19世纪。

语文学与民族主义

《日耳曼重要历史文献集》中存在一个假定的标准，即被它包含其中的“族群”都是“日耳曼语族的”，也就是说，这些“族群”和19世纪的德意志人属于同一个语族。如果说《日耳曼重要历史文献集》出版的文献创造了研究对象，那么语文学就创造了研究方法。这个观点从以下两个方面来说是真的。首先，沿着赫尔德和费希特神秘语言学的道路，印欧语文学为民族性提供了一个“客观的”标准。其次，早就是古典学研究必不可少工具的语文学，成了中世纪历史研究的主要工具和用来发现德意志民族主义前史的工具。

文献分析和语文学分析是德意志民族主义的两样工具，它们不仅创造了“德意志人”的历史，还间接地创造了“所有人”的历史。它们构成了一组可以快速输出的套件，很容易被用来解释任何语言书写的任何文献资料。而且，自从德意志“科学”历史学的标准在19世纪逐渐统治了欧洲，甚至统治了美国的大学之后，那些受过德意志习明纳尔（seminar）教学法和文本批评研究训练的外国历史学家们在返回自己的国家后，都成了民族主义分析的代表。赫尔德式的运动，比如泛斯拉夫主义，很快就被政治化了，一些民族和准民族都有样学样，创造出了适合本民族自我塑造的方式。这些方式包括编纂“民族重要历史文献”合集，让语文学家们（许多人受过德意志的教育）阐明民族的古老起源。这样一来，历史学和民族主义合流了。

经历了1870年普法战争的惨败之后，法国对德意志学界的政治化开始了迟来的防御。一些语文学家，比如莱昂·戈蒂埃

（Léon Gautier）甚至认为，德意志人胜利的原因是他们接受了语文学家式的训练：“普鲁士人用批评文本的方式进行战斗，他们实践了同样的精确性和同样的方法。”[19]显而易见，解决这一问题的办法是学习德意志模式：一方面，在大学里增加语文学和历史学领域的教师职位，1876年至1879年，法国在这两个领域里设立了二百五十个教职；[20]另一方面，学习德意志传统的语文学方法。当然，法国人试图将德意志民族主义的特点从语文学中清除出去，但是，他们只试着去掉了“德意志”，而没有去掉“民族主义”。对法国来说，语文学依然是民族主义的工具。法国的语文学家们提出，中世纪法国的文学作品是“本土产物，它们自然而然地诞生于祖国的土地上”[21]，这种方式让人想到了费希特，他坚持认为，只有原生的语言才能在一个民族和这个世界之间建立起合适的关系。这样一来，让人感到讽刺的是，虽然法国人研究“科学”语文学的目的是脱离“浪漫主义”，但是“浪漫主义”却从本质上被解读成了“德意志性”；到最后，法国的语文学家盗用了德意志民族主义的工具。由此产生的语文学不仅赞美了把中世纪浪漫主义化的观点，还赞颂了法国人具有科学严谨性的自我神话。在这一过程中，为了宣扬族群民族主义的意识，以独立于历史上所有民族语言和民族文化为特点的共和国“公民”意识被抛弃了。

纵观欧洲，通过语言来识别民族的语文学方法带来了无数恶劣的影响。[22]首先，欧洲综合性语群的许多不同层级被科学规则切割成了独立的语言。由于现实中人们的口头表达和书面表达从来都不可能与人为制定的规则完全吻合，所以，语言的"官方"形式被发明了出来，通常是把政治上强有力的一个群体或一个重要城市所使用的方言系统化之后，并借由国家支持的教育系统强加给民众。结果就是，语言的边界变得更加僵化，在"规范"用法的压力之下，口语传统和某些情况下的书写传统几乎消失了。这种做法差不多等于重新创造了语言，这样的例子并不少。显而易见的例子有，乌克兰语、保加利亚语、塞尔维亚语、克罗地亚语、斯洛文尼亚语（Slovine）、拉脱维亚语、希伯来语、挪威语、爱尔兰语、荷兰语和罗马尼亚语；不那么明显的例子有，德语和意大利语。毫不意外，这些"标准"语言的支持者们最初都倾向于认为，这些语言附属于现实中或期望中的政治边界。一个特定政治实体里的所有人都说同一种受到青睐的方言，这样的情况几乎不存在。甚至在法国也是如此。1900年时，尽管法国的传统政治边界已经延续了几个世纪，法语准确用法的规则也早已形成了几个世纪，但只有百分之五十的法国人将法语作为母语。除凯尔特语和日耳曼语族的语言在布列塔尼、阿尔萨斯（Alsace）和洛林（Lorraine）地区占据优势外，其他法国人都说着罗曼语族中的不同语言和方言。① 在其

① 普法战争后，阿尔萨斯和洛林被割让给德国，1900年时不属于法国。

他国家，要么只有一个非常小的群体说民族语言，比如挪威；要么民众会为了不同的目的，比如为了贸易、文化、政治或家庭生活中多种多样的组合，说着各种不同的语言。

因此，各地的个人、家庭和社会群体都发现，他们与“民族语言”处于分离状态，他们在压力之下放弃了自己的语言传统。这会带来广泛的影响：它可能意味着要使用规范的词语、标准的发音和被调整过的语调体系，对荷兰的居民来说就是如此；它也可能意味着放弃方言或古老的语言传统，法国南部的普罗旺斯就是这种情况。它还可能意味着要在政府支持或委托的学校中学习一门完全属于另一个语族的语言，法国的布列塔尼人和巴斯克人、匈牙利的罗马尼亚人和斯拉夫人就面对着这样的现实。

结果就是，这些野心勃勃的民族教育方案，包括施泰因竭力主张的语言教育，成了创造一个能使用民族语言的群体的必要条件。因此，教育机构成了创建民族国家的核心，为了实现这一目的，教育机构不仅直接地反复灌输民族主义意识形态，还采用一种更加婉转的手段，即推广作为民族主义化身的民族语言来实现这一目的。一个“族群”所说的以及用来表达政治抱负的语言成了教授这个“族群”民族历史的工具。不仅如此，这种新语文学让民族主义的教育者和倡导者走得更远了。它让创造一个民族性的、“科学的”历史成为可能，这个历史能将民族语言和民族观念投射到遥远的过去。

这样的投射是可行的，因为语文学的成就对民族主义的发展还产生了另一个同样恶劣的影响。一旦民族语言被构建起来（即使不被民众广泛使用，也至少是理论上的民族语言），印欧语文学的规则就可以让语言学家们将那些用通俗语言写成的文献（有些甚至有超过千年的历史）归为民族语言的作品。语言学的规则使学者们可以总结出一条从古老文献到现代民族语言的线性发展体系。这样一来，语言学家就能够证明这些文献是他们民族古老的记载了：最早的“德语”文献可以追溯到8世纪，最早的“法语”文献可以追溯到9世纪，最早的“斯洛文尼亚语”文献是11世纪的，最早的“亚美尼亚语”（Armenian）文献是6世纪的。但是，比较语文学还能把时间追溯得更早：对不同印欧语言传统的比较研究能够总结出不同语言里系统性变化的规则，这样一来，历史语文学家们就可以以现存的语言版本为起点，对更为古老的、产生于无文字时代的语言进行假设性的重建了。通过这种方式，语文学家为民族主义者们提供了一种可以将他们的民族投射到遥远、无文字时代的方法。根据费希特的传统思想，民族主义者们提出，无论有没有文献证据，历史语文学都证明了相互分离的“语言共同体”的存在，它们具有同样的生活方式、同样的社会和宗教观念以及同样的政治制度。民族诞生的时间就是这些不同的、可识别的语言从共同的日耳曼语系、斯拉夫语系、罗曼语系和希腊语系中分离出来并形成一个语言和文化统一体的时间。

危险的遗产

以伪史为基础的民族主义是一种比较初级的民族主义形式，虽然它本身已经臭名昭著了，但是，以语言为基础，用文化进行族群划分的主张仍广泛地存在。甚至到今天，新民族主义者们虽然承认现代民族主义主张的政治自觉是19或20世纪的现象，但仍试图证明，即使族群的“政治性”是近期的产物，“文化性”却仍古老得多。换句话说，一个族群在认识到自己是族群之前就已经是一个族群了，语言既是这个永恒不变的身份的标志，也是它最深处的现实。因此，当记者和国际机构在报道所谓族群骚乱时，他们将关注点放在了语言的不同上。例如，当我们被告知有“立陶宛人和俄罗斯人”居住在立陶宛时，这句话的真正含义是，在那个新独立的国家的人口中，有百分之 x 的人将立陶宛语作为第一语言，有百分之 y 的人说俄语。如果本土语言在19个世纪遭受的严重打击使得人们不能再做出这样的理解，比如在布列塔尼和爱尔兰，那么，这句话实际上的意思就是“有百分之 x 的人‘应该’说某种特定的语言，因为那是他们祖先的语言”。

由于以语文学为基础的科学的历史学被用来为民族主义服务了，所以，它最终将人们带回到了3至11世纪的历史时期中。这一时期是罗马帝国消亡和新社会群体形成的时期，这些新的社会群体成为近代民族国家和民族主义运动追溯自身合法性的源头；此外，这一时期还是新的语族在罗马帝国境内地方化的时期。这一时期也被称作“最初获得”时期，因为这是近代民族的祖先们——他们说着具有和表达特定文化和知识形态的民族语言——第一次出现在欧洲的时期，他们不仅一劳永逸地占领了属于他们的神圣而永恒的土地，还在这一过程中永远地收获了他们的天敌。关于大迁徙时代（如果采用罗曼语国家的说法就是“大入侵时代”[Invasion Period]）的地图和研究都指出，在密集的边界线和箭头里，罗马帝国内外出现的族群在语言或方言、习俗、服装和宗教方面各不相同。

民族考古学

当语言学工具被用来追查一个族群在意识到自己是一个族群之前的踪迹时，另一门“科学的”学科也开始被用来做同样的事情了。这就是民族考古学（Ethnoarchaeology）①。一旦有人用语言学的方法确定了某个“族群”的地理位置，就轮到考古学家来寻找可以证明那个族群文化特性的物证了。当然，如果语言与具有相同习俗和观念的特定族群之间存在对应关系的话，那么族群之间的文化差异就会体现在由考古学家们恢复的实物制成品中。对日耳曼人起源的兴趣让德国考古学家在这样的考

① 这个词由 ethno 与 archaeology 两个部分组成，直译为“关于族群的考古学”，但是国内通行译法为“民族考古学”，译者采用通行译法以便读者理解。

古调查中表现出了特别的热情，后来，对斯拉夫人起源感兴趣的斯拉夫考古学家们也进行了这样的调查研究。物质文化的特定传统能与特定的语言群体联系在一起，这一论点最重要的支持者是古斯塔夫·科辛纳（Gustaf Kossinna）。他开始在早期族群与不同的物质文化之间建立直接关联。面对那些最初只是通过古典和中世纪文献被人们知道，后来被语文学辨识出来的族群，古斯塔夫·科辛纳相信，他有能力通过对考古材料的系统研究把它们区分开来，他的研究可以将族群的起源追溯到史前时代，甚至石器时代。考古材料是族群独特的标志，为族群的语言特征赋予了物质维度。因此，科辛纳提出了这样一个论点，即语言、物质文化与历史资料提到的族群之间存在一种直接的、一对一的关系。[23]最重要的是，这一观点让科辛纳和他的支持者们可以追踪中世纪早期不同族群的迁徙路径，展示出它们从自己原本的家园兜兜转转进入罗马世界的过程。[24]

民族考古学的这个新传统对19和20世纪各国的领土主张产生了非常重要的影响。特别是，它怂恿现代国家对邻国领土提出主权要求。例如，德国就以那些领土是日耳曼人最初的家园为理由向邻国提出了领土要求。这样一来，无论是13世纪日耳曼十字军骑士团的向东扩张，还是20世纪第三帝国的扩张，都可以被合理地当作是对故乡的“回归”而不是对他人的“侵略”。直到最近，类似的考古学论点仍然为人们所用，比如，匈牙利人和斯洛文尼亚人的冲突、阿尔巴尼亚人和塞尔维亚人的冲突以及爱沙尼亚人和德国人的冲突都是因此而起的。

有毒的废品

民族主义语文学和考古学留下的遗产对欧洲的民族版图仍然有着举足轻重的影响。它们“用科学的方法”确立了民族性必不可少的组成部分：语言、领土和早就形成的独特文化。通过这样的新历史学和新语文学，许多人相信，社会统一体是可以被建造的，历史上的不义是可以被纠正的，而古老的诉求是可以被维护的。

对学习西欧历史的学生来说，以下这样的故事再熟悉不过了。日耳曼人，比如勃艮第人、哥特人、居住在斯堪的纳维亚半岛南部的伦巴底人，在气候变化、饥荒、人口过剩或其他不为人知的压力的驱使下，开始向南迁徙。这些人从北向南穿越了整个欧洲，一路带着自己的语言、习俗和传统，并将他们独特的身份传递给后代；经历了几代人的迁徙，他们终于抵达罗马帝国的边界。他们英勇的战士国王都是古老王室和贵族的后代，在国王的带领之下，这些群体成功地挑战了罗马，并在罗马帝国的残骸中开创了许多日耳曼王国。这些被认为是英雄的国王包括出身于古老王室家族阿马尔家族（Amals）的东哥特人（Ostrogoth）狄奥多里克（Theodoric）、来自巴尔斯（Balth）王朝的西哥特人领袖亚拉里克（Alaric）、来自郭特（Gauti）家族的伦巴底人首领阿尔博因（Alboin）、来自墨洛温王室的法兰克人首领克洛维。稍后，斯拉夫人也有了类似的领导者，比如克罗地亚人的克罗巴托斯（Chrobatos）和保加尔人（Bulgars）的伊斯贝里克（Isperihk），他们都带领自己的民众进入了罗马帝国的断壁残垣之中。这些事件被认为是这些民族对欧洲的“最初获得”时期，从此之后，欧洲各民族的历史便开始了。

直到今天，这些事件仍然是人们分辨欧洲族群大致轮廓的共同依据。可以肯定的是，这些族群并不都延续到了今天，就算有些至今仍然存在，它们也并不都成了民族国家。然而，它们的领导者渴望获得民族国家的地位，鼓励民众参与争取自治的斗争。国际社会只能从可操作性、经济可行性或暴力层面对他们要求自治的愿望提出反对，但是，在各民族对自决权所抱持的强烈信念面前，这些理由都是微不足道的。

然而，尽管这些历史学和语言学的主张带有强烈的感染力，历史上却没有任何记载证明这些诉求是合理的。中世纪早期的“族群”与当代“族群”之间的一致性是一个神话。语言学和历史学的论证很快就在由族群差异引发的当代问题中失效了，它们甚至更加不适合用来区分中世纪早期欧洲的各个“族群”。在北爱尔兰，将人们分成敌对群体的是宗教，而不是语言。在前南斯拉夫，塞尔维亚语和克罗地亚语只是同一种语言的两种方言，前者是传统东正教团体的语言，而后者是传统罗马天主教团体的语言，但是，代表这两种语言的民族主义领袖实际上却是不可知论者或无神论的政治机会主义者。一般来说，无论是在霸权国家还是在有抱负的独立运动中，“我们曾经是一个民族”的说法实际上是在表达要“变成”一个民族的诉求，这种说法不是以历史为基础提出的诉求，相反，它是一种创造历史的尝试。如常言道，历史是他乡，我们永远无法在那里找到我们自己。

对历史的困惑

尽管轶事证据确实表明，古代晚期和中世纪早期的不同“族群”说着许多不同的语言，但是要了解他们所说的语言却是很困难的。与此同时，古代和中世纪的观察者们还经常指出，那些被他们认为是不同族群的人却说着同一种语言。而且，语言并不一定与其他的文化传统相对应，比如服装、首饰、陶器和武器的形式。那些臆想出来的关于主要语族史前分布的地图，比如关于日耳曼语族、斯拉夫语族、凯尔特语族、波罗的海语族、罗曼语族和其他类似语族地理分布的地图，与可以通过考古学辨识出来的物质文化的具体差异并不对应。科辛纳和他的追随者们绘制的关于物质文化的地图过于简单化，已经被证明是虚构的了：族群物质文化的“显著”特征被一个接一个地证明与根据语言特征构建的分布图并不相符。正如英国历史学家克里斯·威克汉姆（Chris Wickham）指出的，“一个戴着伦巴底风格胸针的男人或女人不一定是伦巴底人，就像在布莱德福特（Bradford）拥有丰田汽车的一家人并不一定是日本人：人工制品不一定代表族群的特征”[25]。

显而易见，语言既不与文化相对应，也不是文化的决定性因素。纵观历史，政治精英们所说的语言常常与低于他们阶层的人说的语言大相径庭。不仅如此，对中世纪早期欧洲族群的理解还引发了一个概念性的问题，它部分地体现在这样一个事实里：由于历史学家们学习了19世纪族群民族主义的模式，他们倾向于从地理的角度看待中世纪早期的欧洲族群；他们在领土、地区或王国与占领其的族群之间寻找关联性。但是，就像在错综复杂的现代社会中一样，在中世纪早期，将不同“族群”划分开来的真正边界通常不是地理边界，而是政治、经济或社会边界。而且，即使在有地理区分的地方，族群的地理区分也不是地区“之间”的区分，而是地区“内部”的区分。

居住在高卢、西班牙、意大利和巴尔干城镇中的人与居住在这些城镇周边乡村里的人是不同的。城镇人口包含来自帝国各地的军官和政府官员，来自叙利亚和小亚细亚的商人，以及在这些地中海社会前哨生活多年的犹太人。例如，6世纪时，巴黎许多主教的名字都表明他们来自东地中海，这一现象实际上是叙利亚人和希腊人群体把持了巴黎主教这个重要宗教机构的迹象。与此同时，本地贵族一直统治着乡村。哥特人、勃艮第人和法兰克人的到来基本上没有改变这一情况。考古学的证据表明，蛮族取代帝国的政府官员和军队指挥官之后，效仿这些被取代者的生活方式，主要在城镇生活。在城镇里，他们通过相互联合维持政治管理，并依靠从分配给他们的庄园得来的收入生活。在这些城镇之外，蛮族军队只将军事要塞作为真正的聚居地。

后来的蛮族聚居地彻底改变了这一模式。在巴尔干，城市——尤其是那些位于海岸线上的城市，比如扎达尔（Zadar）、特罗吉尔（Trogir）、斯普利特（Split）、杜布罗夫尼克（Dubrovnik）、布德瓦（Budva）、科托尔（Kotor）——仍然是罗马文化中说希腊语的前哨。城市周边的乡村人口却被一个草原联盟统治着，这个联盟被称为阿瓦尔人（Avars），最后融入了斯拉夫人的社会。同样地，在日耳曼人向东北欧扩张的过程中，他们创造出的城市在文化、政治或语言方面也与周边由它们控制的乡村地区截然不同。

这样的中世纪模式延续了很长时间。即使到20世纪，重要的城市，比如波罗的海地区的城市，在文化、语言和政治上仍然与周边的乡村存在显著差异，而这种差异并没有引起“民族”间的矛盾。虽然语言的不同乍看起来是族群的差异造成的，但是，它经常仅仅意味着社会和政治的不同。19世纪，当爱沙尼亚的农民谈到saks（撒克逊人）时，这个词的首要含义是“地主”或“主人”，而不是从族群、语言学、民族主义含义而来的“德意志人”。[26]长远来看，族群并不简单地映射在地理上。

直到20世纪，恐惧制造出了这样一个幻觉——语言和族群特征能够或者应该是可以用地图表示出来的。在西班牙、法国和土耳其这样的国家里，对内部文化多元性的压制导致巴斯克人、加泰罗尼亚人、不列吞人（Britons）、亚美尼亚人（Armenians）、库尔德人（Kurds）和其他少数群体从民族国家中“消失”了。第二次世界大战期间，发生在东欧的犹太人大屠杀和“种族清洗”运动迫使东欧许多说德语的居民向西迁徙，这导致但泽（Danzig）、柯尼斯堡（Königsberg）、里加（Riga）、维尔那（Vilna）的城市人口在历史上首次与周边的乡村人口变得差不多了。尽管如此，有迹象表明，那种以层级化的语言和文化多元性为基础的中世纪模式正在重新出现。这在欧洲重要的城市里表现得尤为明显，在那里，语言和文化的分层又一次成为人口图谱两端的特征。在社会顶端，重要的多民族团体和科学机构大量或全部使用英语，对当地的语言传统不屑一顾。在社会底端，这些城市因为来自土耳其、北非、印度次大陆以及亚洲其他地区的移民而获得了人口的大规模增长。这些移民在生活中使用阿拉伯语、土耳其语以及其他与中产阶层语言相去甚远的语言。这些变化被当作新事物，引起了人们的敌意和恐惧，但实际上，它们是对一种非常古老的族群多样性模式的回归。欧洲真的再一次开始变得和过去一样了。

在差不多两个世纪的时间里，人们尝试借助语言学、考古学和历史学的方法在地图上描绘出族群的特点，但最终不得不承认这些计划失败了。失败的根本原因在于，族群观念是人们思想的产物。然而，这不仅没有让它变得昙花一现，反而让它更为真实和强大。作为人类意志的发明，它的地位不会被纯粹理性的批判所动摇。

不过，公平地说，19 和 20 世纪的科学民族主义者们提出的关于民族性的分类并不是凭空而来的。他们利用了一种用来辨别族群的古老传统，这一传统早已在一些特殊的历史资料中得到发展，历史学家和语文学家正是从这些历史资料中尝试寻找历史上的族群的。从许多重要方面来说，19 世纪的民族学只是古典时期民族志的一个延续，只不过它使用了更多精确的工具。

第二章

古代想象的族群

正如我们在第一章中已经指出的，族群民族主义是最近才出现的。更准确地说，我们今天所知的这种特殊形式的族群民族主义是最近才出现的。在过去的时代里，人们用不同但是同样强大的方法确认自己的身份，区分自己和他人，并根据不同的政治目的来调动这些身份。然而，我们常常难以洞察出这些用来区分群体身份的老方法和更加现代的态度之间有什么不同。这是因为，我们又一次被困在了我们试图研究的历史进程中。我们使用了“人民”(people)、“族属”(ethnicity)[①]、“种族”(race)和“群族演化”(ethnogenesis)等词语，仿佛它们都带有某种客观的、固定的含义。尽管我们在使用这些词语时采用了新的方

---

① 关于ethnicity的中文释义，参见马腾嶽《ethnicity(族属)：概念界说、理论脉络与中文译名》，《民族研究》2013年第4期，第13—25页。据此文，族属包含类属、归属、属别三层含义。在本书中，为了更准确地反映该词的含义，译者不对ethnicity做统一的翻译，而根据语境的不同侧重点做不同的翻译。

式，但这些词和它们的同义词却经历了漫长的、至少可以追溯到公元前5世纪的历史。几千年来，它们被人们讨论、评论和篡改，它们是带着历史的文化包袱被传承至今的。在费希特和赫尔德之前很久的时代里，这些词语在西欧的知识传统中是重要而且能引起共鸣的元素。

因为我们无法摆脱已经继承的词语，所以没有必要为历史上的社会群体发明新词。但是，我们必须深入理解给这些词语赋予含义的历史进程。欧洲人试图通过分类来理解社会群体间的区别，他们继承了古典时期和《圣经》中关于社会群体的类别划分。简而言之，人类可以分为两种“群体”。一种是“法律性”的群体，它以法律和忠诚为基础，是由历史进程创造的群体。另一种则是“血缘性”的群体，它不以历史变化的过程为转移，而以血统、习俗和地理为基础。直接地说，这两个群体间的区别是“我们”与“他们”的区别，是“文明”与“野蛮”的区别。（这种传统一直延续至今：在欧洲和美国，许多历史博物馆只讲述有关“我们”的历史，而自然历史博物馆不仅展示动物、植物和矿物，还展示本土的美洲人、非洲人和其他“原生族群”。）在公元3、4世纪，当作者们首次开始描述后来成为现代欧洲人的新“蛮族”时，他们动用了这些根深蒂固的传统。所以，我们需要理解古希腊－罗马时期和《圣经》对这些作家究竟产生了怎样的影响，因为只有借由他们，我们才能理解古代晚期出现在欧洲的新群体。

因此，为了洞察到文化积淀中的那些堆积层，我们首先要探索语言、族群特点和族群意识（peoplehood）的起源。此外，我们还必须看到文学传统、强权政治、宗教信仰与古代的帝国主义改变和塑造了民族志作者们在认识和描述人类社会时采用的方法。

原生族群和罗马人

对欧洲族群的思考至少起源于哈利卡纳索斯的希罗多德（Herodotus）在公元前5世纪中期左右撰写的所谓"历史"。希罗多德是第一位民族志作者，他理解和描述世界的方法至今仍影响着我们。

当希罗多德叙述希波战争的起因时，他同时开创了历史写作和民族志[①]写作。由于他既不想成为战争史家也不想成为政治史家，所以，他认为希腊人与波斯人之间的冲突仅仅是欧洲和亚洲互相碰撞的漫长过程中的一个阶段。也因此，他所要探讨的不仅仅是希波战争中的政治和军事事件。他利用他所看到的、听到的以及他在穿越东地中海地区和小亚细亚的旅程中所读到的东西，呈现出了一部在今天被称作关于已知世界的"整

① Ethnography 由 etheno（s）与 graphy 两部分组成，可直译为"关于族群的记录"，在汉语中存在"民族志"、"人种志"、"田野［文化］志"等多种译法。为了便于读者理解，本书采用"民族志"这一通行译法。关于民族志，参见王铭铭《民族志：一种广义人文关系学的界定》，《学术月刊》2015年第3期，第129—140页。

体史”(total history)。希罗多德认为，世界的单位是族群(ethne，单数形式 ethnos)①，族群又常常分化为部落(gene，单数形式 genos)。他详细地描写了这些族群的宗教传统、社会风俗、语言、物质文化以及经济体系。

总体上来看，希罗多德认为，不同的族群在地理和文化上是相互区别的。虽然希罗多德注意到了族群有可能从一个地区迁徙到另一个地区，但是，在他的历史叙事中，特定的族群通常居住在特定的地理区域内，而且这一地理区域以居住在这里的族群为名。埃及是埃及人居住的地方，就像奇里乞亚(Cilicia)是奇里乞亚人(Cilicians)居住的地方，而亚述(Assyria)就是亚述人(Assyrians)居住的地方。[1]希罗多德讲述了阿里斯塔格拉斯(Aristagoras)的故事：阿里斯塔格拉斯是米利都(Miletus)的统治者，他拥有一幅用青铜制成的地图，展示了吕底亚人(Lydians)、弗里吉亚人(Phrygians)、卡帕多细亚人(Cappadocians)或者称为叙利亚人(Syrians)、奇里乞亚人、亚美尼亚人、玛提耶涅人(Matieni)和奇西亚人(Cissia)的国家。[2]尽管不是每个族群都拥有自己独特的语言，但大多数群族都是如此，其中，弗里吉亚人的语言最为古老。最后，不同的族群有着不同的宗教和风俗，在希罗多德的眼中，关于女性地

① 关于希腊语 ethne 和英语 ethnic group 一词的中文释义，国内学界存在多种争论，本书采用被广泛接受的“族群”这一译法。具体参见任军《“Ethnic group”的翻译、理解与运用现状》，《世界民族》2009年第5期，第92–96页。

位、葬礼和经济活动的规则是最为重要的风俗。

虽然族群和部落之间的差异是变动的，但是希罗多德并不认为通过文化特征中更多微妙的区别来区分大群体与小群体有什么问题。这样的分类对他而言是客观而又不证自明的。同样地，他很少费口舌说明他为什么知道一个特定的部落属于这个或那个族群，即使这个部落的成员并不总是承认他们对该族群的归属。例如，在探讨爱奥尼亚人（Ionians）的时候，他一方面将爱奥尼亚人描述为最软弱的希腊人，另一方面又说大陆上的大部分爱奥尼人后裔都因羞愧而拒绝承认他们是爱奥尼亚人的后代。[3]

虽然希罗多德承认族群的客观存在，但是，他也认识到了，族群既能产生也能消失。关于族群的起源，他既愿意讲述不同族群关于自己起源的原生性传说，也愿意讲述那些将族群与赫拉克勒斯（Hercules）、米诺斯（Minos）或希腊神话中其他人物联系起来的希腊人的传说。希罗多德讲述的关于族群演化的传说，或者关于族群形成的传说，可以分为两类。第一类传说描述王室或重要家族的起源，常常通过虚构的家族谱系来构建家族的永恒性和他们统治民众的权威。在详细探讨斯基泰人（Scyths）这个刚刚出现的族群时，希罗多德提供了两种可以相互替换的关于家族谱系的描述。据希罗多德说，第一种是斯基泰人对自己起源的描述：他们是塔尔吉塔欧斯（Targitaos）三个儿子——里波克赛司（Lipoxais）、阿尔波克赛司（Arpoxais）、克拉科赛司(Colaxais)——的后代。奥卡泰伊斯基泰人(Auchates)是第一个儿子的后代，卡提亚洛伊斯基泰人(Catiares)和特拉司披耶司斯基泰人(Traspies)是第二个儿子的后代，而帕辣拉泰伊斯基泰人(Paralatae)则是第三个儿子的后代。在这个原生性传说的后面，他又记录了由本都希腊人(Pontic Greeks)讲述的传说，这个传说将斯基泰人国王的起源追溯到了希腊英雄赫拉克勒斯。[4]对斯基泰人起源的这两个传说，希罗多德并无偏爱。他倾向于完全回避这一问题，他提出，斯基泰人是被玛撒该塔伊人(Massagetae)从亚洲的故土驱赶到本都地区的。

在希罗多德对族群起源的描述中，族群里的人仿佛都起源于同一个祖先，除此之外，他有时还会记述由分裂和通婚导致的族群变迁。分裂和通婚对希腊殖民者来说无疑是熟悉的现象，但它们也被投射到了非希腊人的身上。例如，吕基亚人(Lycians)是克里特岛人(Cretans)的后代，克里特岛人和他们的首领萨耳珀东(Sarpedon)被他的兄弟米诺斯驱逐了。斯基泰青年人引诱并娶了亚马逊人(Amazons)之后形成了萨尔马提亚人。[5]族群的消失并不常见，不过，希罗多德发现，他那个时代的族群时常占领一些曾经被其他族群居住过的地区，而这些被驱逐的族群的语言会在当地的地形学名称中留下痕迹。辛梅里安人(Cimmerians)在被斯基泰人驱赶出故土后，又被吕基亚人驱赶出了亚洲，只留下一些地名作为他们一路迁徙的证据。

这样看来，希罗多德对族群的出现和消失有着广博而客观的认识。无论是起源于同一个祖先还是起源于老族群的新旁系，无论是被其他族群同化了还是在起源的故土消失了，族群可以随世代变迁而诞生、繁荣、消失。

对每个族群来说，地理范围和语言都是重要但绝非决定性的因素，希罗多德认为，一些政治体系也可以用来区分族群。每一个族群或部落都有它们的国王或统治者。但是，政治形态在希罗多德关于族群的探讨中并未扮演重要的角色。而且，丧失政治独立性并不意味着一个族群的毁灭：米底人（Medes）以及后来的波斯人都征服了亚洲，但他们并未影响那些居住在亚洲的族群的政治状态。这在一定程度上是因为，波斯人的统治制度总体上并未摧毁当地的精英阶层或政治制度，而是试图笼络它们。因此，族群甚至能够在更大的政治实体里延续它们的身份和特性。自由构成了某些族群的特性，而怯懦顺从可能成了另一些族群的特征。

在希罗多德对族群的描述中，虽然外表特征是其中的一个组成部分，但是，它们更多地被认为是地理因素导致的结果，而不是遗传的结果。尽管“部落”和“族群”这两个词隐含着血缘性的比喻，但是，希罗多德并不认为已知的族群间存在着种族或生物性的区别。在希罗多德的眼中，如果说埃塞俄比亚人（Ethiopians）和印度人（Indians）有黑色的精液，而北方族群高大且白皙，那么，这些差异是因为他们离赤道的远近不同，而不是他们的遗传特征。

希罗多德的承继者

希罗多德对族群的全面描述成为后来欧洲民族学的基础。他对族群的划分，对分类的尝试以及他的刻板思维，一直影响着我们。但是，许多地理学家和历史学家对他的大部分基本判断持否定态度。尽管希罗多德的思想产生了巨大的影响（或者说正因为他的巨大影响力），他却被后来的古代作家普遍看作"谎言之父"。

首先，希罗多德观察风俗和族群时采用的方法本质上来说不涉及价值判断，这把之后的希腊人和罗马人搅得烦躁不安。希罗多德本人来自小亚细亚爱奥尼亚地区的一个城邦，这里的人们无论在风俗还是语言方面都不属于纯粹的希腊文化，因此，他拒绝对所观察到的传统和文化发表判断。这种开放性不仅是前苏格拉底时期其他爱奥尼亚人所认同的，也许还是已经消失了的波斯史学的一个特点。希罗多德出生在波斯帝国一个讲希腊语的家庭中，他受到了这种史学的影响。[6]他毫无疑问地把波斯人描述成了"最欢迎外来风俗的人"[7]。他非常赞同大流士（Darius）的态度：大流士曾在自己的宫廷里询问希腊人是否愿意吃他们父亲的尸体，希腊人惊恐地答道，他们绝对不会这么做；接着，大流士把吃父亲尸体的印度人召集到了希腊人的面前，他问印度人是否愿意焚烧他们父母的遗体，而印度人同样惊慌地拒绝了这个建议。[8]对希罗多德而言，斯基泰人、希腊人、埃及人以及波斯人的传统都一样具有价值。根据他的观察，每个族群无疑都认为自己的风俗是最好的，他没有对这种观点提出任何质疑。

希罗多德本人的政治境遇也许也可以解释他抱持文化中立态度的原因。与后来的史家和民族志作者们不同，他与波斯人以及反对波斯人的希腊各城邦之间没有直接的政治联系。虽然他曾多次前往雅典旅行，还曾在雅典长居，但是，他依旧是个局外人。当希腊人和波斯人的观点越来越受到权力关系的影响时，希罗多德在权力关系中没有固定的立场。希罗多德之后的作者们，特别是在亚历山大大帝（Alexander the Great）征服波斯帝国之后，面临的境况就截然不同了。从那以后，希腊作者们成了帝国主义文化传统的一部分。他们对“他者”的兴趣与对帝国统治的担忧密切相关，这种观点自然而然地被罗马帝国的作者们继承了下来。

因此，希罗多德代表一种可以被称为“前东方主义”（pre-Orientalist）的文化观。按照美国文学批评家爱德华·沃第尔·萨义德（Edward W. Said）的定义，这种文化观认为，“在‘东方’和（大多数时候的）‘西方’之间存在一种被制造出来的实体论和认识论的区别”[9]。希罗多德拒绝贬低他者的风俗，而后来的作者们视所有不讲希腊语的人为下等人，所以，他们赋予了希罗多德“亲蛮族者”（philobarbarian）的称号（“barbarian”一词最初表示那些所讲语言无人听得懂的人）。与此同时，这些批评希罗多德的人却用希罗多德的素材来证明希腊－罗马传统相较于其他传统的优越性，特别是相较于“东方”传统的优越性。正如一位学者指出的，在这个几乎不停贬低他者的潮流中，有一件非常讽刺的事情，“希罗多德或简短或详细地描述过五十个或者更多的族群。五百至八百年后，普林尼（Pliny）、索利努斯（Solinus）和梅拉（Mela）提及了其中的三十四个族群，并明确指出，它们与希罗多德所描述过的族群或者完全一致，或者非常相似”[10]。

除了反对希罗多德亲“蛮族”的态度，后来的作者们还反对他作品中通过特征描述不同族群的方式。每一个族群都有其复杂的特征，包括风俗、血统、地域和政治形态，尽管这些特征可以用来识别不同的族群，并将它们与相邻的族群区分开来，但是，在希罗多德的眼中，族群并不是由这些特征构成的。后来的作者，例如罗马人博学者老普林尼（Pliny the Elder），对这样认识族群的方法产生了兴趣。他们认为，希罗多德描述的族群特征不单纯是某一族群的人具有的特征，它们和地理边界一起共同构成了族群身份的决定性因素。例如，希罗多德曾经非常仔细地将不同的斯基泰人从与他们毗邻的非斯基泰人中区分出来。虽然涅乌里人（Neuri）拥有与斯基泰人同样的风俗和信仰，但希罗多德并不认为他们是斯基泰人，这很可能是因为他们有一种不同于斯基泰人的自我认知。即使美兰克拉伊诺伊人（Melanchlaeni）与斯基泰人的不同仅仅在于美兰克拉伊诺伊人穿着黑色斗篷，他们也不被希罗多德认为是斯基泰人。

对普林尼和其他罗马人来说，秩序比模棱两可（或者说准确性）更加受欢迎，所以希罗多德这样混乱的分类方法是不可接受的。普林尼希望不同的族群是可以被明确分辨出来的，并且他特别坚持通过族群的居住地来区分不同的族群。这样一来，居住在多瑙河（Danube）以东的所有部落（拉丁语 gentes，与希腊语 gene 相对应）都被认作斯基泰人，尽管他们对自己可能有不同的认知。这些部落包括被罗马人称作达基亚人（Dacians）的盖塔伊人（Getae）、萨尔马提亚人、阿奥西人（Aorsi）、低等斯基泰人（Base-born Scythians/Scythae degeneres）、奄蔡人（Alani）、罗克索拉尼人（Rhoxolani）、萨尔马提亚－雅济吉斯人（Sarmatian Iazyges）。[11] 4世纪的罗马史家阿米阿努斯·马尔切利努斯（Ammianus Marcellinus）则更加笼统，他认为，斯基泰人的部落不可计数，它们的分布一直延展到无人可知的边界。[12]他辨识出了亚洲斯基泰人和欧洲斯基泰人，认为他们的分布范围东起中国，东南到恒河流域。[13]按地区划分族群并对族群进行分类的做法反映了罗马人特有的对明确性和秩序的兴趣，它把蛮族的身份变得客体化和具体化了，这是希罗多德未曾想到的。

希罗多德受到之后大多数民族志作者们反对的第三个原因是，他感知到了历史的变化和族群的演化。在他之后的地理学家和百科全书式的作者们将族群描述成了一种永恒的现在时，他们减少甚至彻底清除了希罗多德展现族群变化时使用过的神话元素。例如，普林尼很高兴地将尽可能多的原始材料以及早就消失了的族群与他所处时代的族群结合在一起，写进他的《自然史》(*Natural History*) 中。结果就出现了一种关于族群不灭的法则——族群不会消失，特点不会变化。也就是说，一个老族群可能会获得一个新名字、一些新的风俗和特征，甚至是与之前截然不同的风俗和特征，但是，有洞察力的罗马人依然能够凭借对这个族群之前特点的了解而认出它。从某种程度上来说，这样的族群属于自然世界，而不属于历史世界。此外，随着罗马人与蛮族接触的增多，族群的地理位置变得越来越重要了。罗马世界的地图非常拥挤，因为这些地图编纂者试图用尽可能多的群体填满罗马人广袤的土地。

蛮族与人民

风俗特征、地理位置和永久性，这三点巧妙而又彻底地改变了后来的罗马史家和民族志作者在描述社会群体时采用的方法。首先，他们根据截然相反的特征区分并描述自己和他人。历史的发展、变化和复杂性都被认为是罗马人所特有的。正如维吉尔（Virgil）和李维（Livy）在作品中写到的，罗马人的族群演化就是从与其完全不同的蛮族（gentes）① 中创造出一个人民（populus）的过程。因此，在李维看来，罗马人的身份是不断进行政治融合的结果。首先，埃涅阿斯（Aneas）用“一种法律和一个名字”将特洛伊人（Trojans）和阿波里金人（Aborigines）联合了起来。[14]同样地，罗慕路斯（Romulus）将“民众”召集在一起，并赋予了他们可以将彼此联合成为一个整体的法律。[15]因此，与外来的“蛮族”不同，只有罗马人民（populus Romanus）是有历史的。这部历史是关于一群接受同一部法律的人如何成为罗马人的故事。它与关于血统、地理、文化、语言或传统的虚构的统一体没有丝毫相似之处。在这部漫长的历史中，是否属于罗马人是一个与宪制性法律有关的问题，而与自然法无关。理论上来说，罗马人的身份是向所有人开放的。

罗马人民的法律性让我们联想到了希罗多德对一些蛮族被塑造和被改造过程的解释。但是，罗马的观察者，例如普林尼和阿米阿努斯·马尔切利努斯，却不这么认为。对他们而言，罗马人完全不同于其他族群。因为其他族群固有的特性并不来自相互的联合和对同一种法律和政治体系的认同，而是取决于地理、文化和语言的标准。不论使用 populus, gens, natio② 或者 tribus③ 中的哪一个词语，罗马人都是在根据主观而僵化的标准

---

① Gentes 为 gens 的复数形式，本意“氏族、部落”，复数时可以表示与“罗马人”相对应的“蛮族”。

② 拉丁语，比 gens 更小的、以血缘为基础的社会群体单位，可译为“族部”。

③ 拉丁语，意为“部落、宗族”。

对他们的邻居、敌人和臣服者进行分类。如此一来，罗马人之外的“族群”都没有历史，因为他们在神话时代的起源已经不再为人所知，他们的身份是与生俱来的，不是一种选择。只有进入罗马人的地域后，他们才能成为历史的一个部分。

科尔奈利乌斯·塔西佗是唯一一位至少在部分程度上接受了希罗多德对他者相对中立观点的罗马作者。无论是在描写不列颠居民的《阿格里科拉传》(*Agricola*)中，还是在记述莱茵河以东欧洲居民的《日耳曼尼亚志》中，塔西佗都对这些族群表现出了同情，这在古典时期的民族志中是很少见的。他甚至在对不列吞人的描述中表达了对罗马帝国主义的谴责，他对日耳曼人的描写是自希罗多德以来最为详细的民族志介绍。尽管如此，塔西佗仍旧未能完全摆脱将非罗马人塑造为“他者”的民族志书写传统。

在塔西佗的描述中，不列吞人比高卢人更有品德，因为，与高卢人不同，不列吞人并没有在丧失自由的同时失去勇气。关于不列吞人要对曾经奴役他们的人进行报复的愿望，塔西佗大加赞赏。他通过不列吞人首领卡加库斯(Calgacus)之口，简单地表达了对罗马政策的看法：“这些政策制造了一片废墟，还把这叫作和平。”[16]然而，许多关于不列吞人的生动描述却说明了塔西佗对他们的无知，他只是重复了其他对不列吞人不怎么有好感的罗马作家的陈词滥调。关于喀里多尼亚人(Caledonians)，他根据他们红色的头发和粗壮的腿错误地认为他们起源于日耳曼人。南部的西卢尔人（Silures）因为肤色黑、头发卷曲而被塔西佗认为是从西班牙迁徙而来的。相较而言，他更了解不列颠岛东南部的不列吞人，他发现，他们在语言、宗教和风俗上与高卢人更为接近。然而，除了这些非常笼统和主要基于外表做出的划分，他对这些不同蛮族的具体风俗、组织方式和传统知之甚少。塔西佗将他们的宗教视为一种迷信（superstitio）。在塔西陀的记述中，关于蛮族的特征，例如凶残，以及关于他们独特军事战术的个性化描写少于对他们风俗共同点的描述。[17]他们的高贵、勇气和对自由的热爱是塔西佗用来抨击他所憎恨的尼禄（Nero）皇帝和图密善（Domitian）皇帝的工具，而不是对不列吞人本身真实了解的表达。

虽然塔西佗对日耳曼人的描述更加具体和翔实，但是，这些描写仍然遵循了后希罗多德时期的古典民族志传统。在词语的使用方面，塔西佗不对较大的人口群体和它们的分支加以区别，而用 gentes 指代所有群体。尽管如此，塔西佗在以下几个方面却具有非常敏锐而准确的洞察力：不同“族群”的兴衰，大群体——例如苏维汇人（Suebi）——与大群体内部各个不同部落之间的区别，族群内部不断变化的文化和政治传统。但是，塔西佗所接受的民族志传统永远是现在时的。在讲述了日耳曼人起源于曼努斯（Mannus）的三个儿子之后，塔西佗紧接着便叙述了赫拉克勒斯的旅行。在承认对这两个传说抱怀疑态度之后，塔西佗发表了他自己对日耳曼人起源的观点。他的观点模仿了希罗多德对斯基泰人起源的描述，可能来自公元前1世纪的一位希腊史家波西多尼（Posidonius）的叙述。此外，在塔西佗对日耳曼人的描述中，我们还能看到尤里乌斯·凯撒、李维和普林尼的影子。就像在《阿格里科拉传》中赞扬不列吞人一样，塔西佗在《日耳曼尼亚志》中大肆赞扬了日耳曼人，特别是那些没有被罗马人堕落行为败坏的日耳曼人。然而，他又一次完全遵循了后希罗多德时期的民族志传统，对蛮族的习俗做出了价值判断。尽管塔西佗对蛮族的赞扬胜于批评，但是，他仍然大大背离了希罗多德关于族群风俗本质上平等的观点。

虽然塔西佗对非罗马人的描述比其他罗马作者更加细致，但是他的作品对后来的作者影响甚少。到罗马世界灭亡，甚至到更远的后世，史家们仍然认为这个世界分为罗马人和蛮族，“我们”和“他们”。[18]

异教徒与上帝的子民

一分为二的世界观并非为罗马人所独有。犹太人同样将社会一分为二：他们用am①表示上帝的子民，用goyim②或“非犹太人”——拉丁语通常翻译为“异教徒”——来表示非犹太人的其他所有群体。《圣经》提及了两种不同的群体。一种是

① 希伯来语，用来指犹太人。

② 希伯来语，特指非犹太人。

血缘性的，它们通常被翻译为 goyim（七十士希腊文《圣经》译本［Septuagint］中为 ethne，哲罗姆［Jerome］则将其译为 gentes）。《创世记》和《出埃及记》中的许多篇章都是对这些群体祖先血统起源的记录。关于世系和巴别塔故事的记录解释了人类本出一源却又表现出多样性的原因。虽然与希腊－罗马时期关于“族群”的定义有许多相似性，但是《圣经·旧约》仍然表现出了不同之处：《圣经·旧约》不仅描述来自特定个人的主要家族，它还描述了所有“非犹太人”的世系，这样一来，与希腊－罗马时期的民族志相比，《圣经·旧约》中的族群具有更多相同的特征。但是，就像希腊－罗马时期民族志中对蛮族的描述一样，非犹太人的身份也被认为是客观的、永恒不变的。因此，《圣经·旧约》里的 goyim 和古典民族志中的 ethne 或者 gentes 实际上是相同的。他们属于永恒的自然世界，而不属于历史的世界。

另一种群体是 am（希腊语译为 laos，拉丁语译为 populus），即以色列人，他们和罗马人一样，是一个法律性的群体。正如罗慕路斯通过法律使众多的阿尔巴人（Albans）和拉丁人联合成了一个群体，以色列（Israel）的后代们通过西奈山（Mount Sinai）上订立的摩西十诫成了以色列人或者说上帝的子民。然而，并非以色列的所有后代都是上帝与人所立之约的继承者。无论是罗马人还是以色列人，他们都是由法律决定的群体，而不是由血缘决定的群体。

以色列人的法律性并不总是反映在希伯来语《圣经》的篇章里。在《以斯拉记》和《尼希米记》中，那些由以色列人与外邦女子诞下的后代被排除在了经历“巴比伦之囚”后重返家园的以色列人之外。在这里我们看到了关于上帝选民的一种排他的、血缘定义的由来。但是，至少对后来的先知们而言，属于 am 的人并不仅仅是亚伯拉罕、以撒和雅各的血缘后代。就像罗马人是向所有人开放的身份一样，所有接受摩西十诫的人都可以成为亚伯拉罕的子孙。

古代基督教时期的社会身份

古代晚期的基督教作家们既继承了《圣经》的民族志传统，也继承了古典时期的民族志传统。他们将这两者结合，形成了一种对人类社会的新理解。但是，基督教《圣经》强调，那些通过继承而获得的族群身份、社会身份和法律身份都不重要。上帝的新子民与任何根据族群、法律或性别划分的传统社会类别都没有关系。基督最后的号召是，“你们要去，使万民（ethne）做我的门徒”（《马太福音》28：19）。使徒保罗（Paul）则写道：“并不分犹太人、希腊人，自主的、为奴的，或男或女，因为你们在基督耶稣里都成为一了。”（《加拉太书》3：28）因此，上帝的子民这一身份将所有人无差别地联合在了一起。

当然，并不是所有人都信了基督教，到4世纪，依然存在

“被包含的人”与“被排斥的人”的区别。犹太人和罗马人早已对此习以为常，但是，此时的基督教思想家们却不得不对此做出解释，因为他们本人，无论从所受的教育还是从思想模式上来说，都是彻头彻尾的罗马人。在哲罗姆的《圣经》译本和奥古斯丁（Augustine）的《上帝之城》（*City of God*）中，罗马人的民族志和犹太人的民族志被混合成了一个民族志，区别只在于，哲罗姆表达得更为隐晦，而奥古斯丁表达得更加明确。

Ethne 和 goyim 这两个词依然同时出现，它们被用来表达血缘性的起源、客观的身份和非历史性的连续性。相反，上帝的子民，即《旧约》中的以色列人和《新约》中的基督徒，却拥有了罗马人和犹太人传统中罗马人和犹太人具有的特点。虽然这两个词用法的区别并不像一些人认为的那样总是清楚明白的，但是，拉丁教父们把上帝之城的子民们看作一个根据律法构建出来的社会群体，这个群体与罗马人和以色列人一样，都以法律和契约为基础。[19]

在奥古斯丁看来，世界的第三个世代——从亚伯拉罕到大卫的时代——是以色列人族群演变的时期。这是将上帝的子民从蛮族中筛选和分离出来的时期，是上帝与亚伯拉罕订立契约、以色列人流亡和从埃及出走的时期。[20]西奈岛上重新立约，多年的流浪，政治组织形式分化成部落，征服迦南（Canaan），通过这些经历，以色列人才得以诞生。

虽然，上帝的子民是唯一完美的“人民”，因为只有它建立在真正的正义和崇高的爱之上；但是，奥古斯丁倾向于认为，世俗社会也有着群体意识。然而，当罗马传统把世界一分为二，分成罗马人和其他人时，基督教却赋予这两者同等的地位。只要“以爱为目标，通过共同的契约团结起来”，罗马人和“雅典人、其他希腊人、埃及人、更早的巴比伦人、亚述人以及所有其他的无论什么蛮族”一样，都是真正的“人民”。[21]

因此，到5世纪初，罗马世界的居民，无论基督徒、犹太人或者多神教徒，都知道了两种具有不同特征的群体：一种可以被称作族群的群体，它以血统、风俗和地域为基础；另一种是法律性的群体，它基于律法和认同而形成。没有统一的词可以用来区分它们，也没有明确的特征可以用来分辨它们。它们之间的差异主要是视角的不同。内部观察者——无论罗马人、犹太人还是基督教徒——看到了自己群体内部的复杂性和多样性。法律性群体成员的身份一方面取决于个人是否被群体接纳，另一方面取决于个人是否愿意接受群体的法律和价值。因此，成员的身份至少在一定程度是主观的、有条件的。

与从内部观察“我们”自己的结果相反，一个人在观察他者时容易看到同质性、单一性和非历史性。至多只有罗马、古典时期的希腊城邦，也许还有波斯帝国和埃及帝国，能被看作法律实体，因为它们以法律和共同的目标为基础。但是，还有另一种模式的群体，它具有虚构的血统以及在地域、语言和风俗基础上形成的关于血缘的、不变的社会类别。当从罗马性

（Romanitas）向外观察那些包围着罗马人并对他们日益产生严重威胁的蛮族部落时，我们会发现，这种模式的群体曾经大行其道。这两种模式的区别不是根据对社会、文化或组织形式真实情况的了解而形成的，而是几个世纪传承下来的偏见导致的，这些偏见是从反对希罗多德采用不做价值判断的方式观察已知世界的族群开始的。

古典民族志与蛮族迁徙

古代晚期的史家们，特别是阿米阿努斯·马尔切利努斯、普罗柯比乌斯（Procopius）和普利斯库斯（Priscus），体会到了公认的传统与他们自己和蛮族交往的经验之间存在着矛盾。这些蛮族在3至6世纪改变了罗马帝国。由于古代晚期的史家们与蛮族群体的接触时间更长也更加亲密，所以，他们不同于普林尼这样的空想民族志作家，后者用无知和冷漠将整个世界的族群归纳进一个概括而武断的、几乎不受现实影响的体系中。对古代晚期的史家们而言，现实的混沌与理论的单一不可避免地产生了碰撞。

例如，当阿米阿努斯描述4世纪尤利安（Julian）皇帝对阿勒曼尼人的战争时，他已经知道，阿勒曼尼人结成了一个复杂的联盟。据阿米阿努斯记载，阿勒曼尼人由七位国王领导，其中，芝诺多马琉斯（Chnodomarius）和塞拉皮奥（Serapio）是最重要的两位国王，他们的权力超越其他五位。但是，他们领导的军队并不是一个单一的阿勒曼尼人部落（gens Alamannorum）。相反，这支军队由“许多不同的族部（nationibus）组成，他们或者因为贪婪，或者因为互助条约而加入这支军队”[22]。普罗柯比乌斯在描述哥特人的时候首先解释道：“在过去和现在，哥特人一直都有许多族部。”接着，他列出了哥特人中最为重要的几个族群——汪达尔人、西哥特人、格皮德人（Gepaedes）。[23]当普利斯库斯造访阿提拉（Attila）的宫廷时，他所描述的匈人（Huns）是由说匈语、哥特语和拉丁语的各种族群共同组成的。[24]

然而，传统的力量是如此强大，以至于这些直接的观察者们也无法将自己从古典民族志的偏见中解放出来。比如阿米阿努斯，虽然他对阿勒曼尼人和帝国西部边界的其他族群都有着自己的认知，但是，他仍常常将他们简单地称作日耳曼人（Germani）或者蛮族（barbari）。他不认为东部的蛮族，例如哥特人，是日耳曼人，因为“日耳曼”这个词有地理含义，它不是一个关于语言的名称。普罗柯比乌斯在区分了哥特人的多样性之后，又返回到传统，他提出，哥特人以前的名称是希罗多德曾经提及的撒乌洛玛泰伊人（Sauromatae）和美兰克拉伊诺伊人，接着他又说，盖塔伊人是他们为人所知的另一个名字。事实上，普罗柯比乌斯认为这几个族群仅仅是名字不同，它们的外表、法律和宗教完全一样。[25]尽管他的描述巨细靡遗，但是，显而易见，他仍然是古典民族志文学的囚犯。

为什么他的个人经验未能战胜传统？为什么他未能在其他群体中发现和他自己所属群体一样的复杂性？自傲和文化沙文主义当然是重要的原因。无知无疑也是一个因素，对非罗马人的深刻偏见也不可忽视。但是，他的观点在某种程度上来说也是一个实际的看法。罗马帝国主义者们发现，与其承认非罗马人可以和罗马人一样复杂而富于变化，还不如将他们看作具有相同特点的族群性的群体，因为这样的观念会让他们与蛮族的交往变得更加容易。这样一刀切的社会分类遭到了其他社会群体的挑战，他们对此十分生气，犹太人和基督徒尤其如此，因为他们与罗马人一样用两分的观点看待世界，只不过，他们将自己而不是罗马人放在世界的中心。据说，马可·奥勒留（Marcus Aurelius）皇帝在评价与犹太人的交往时曾说道："喂，你们这些马科曼尼人（Marcomanni）、夸地人（Quadi）、萨尔马提亚人。到头来，我发现犹太人比你们更加无序。"尤利安在抱怨基督徒时也说道："听从我，就是阿勒曼尼人和法兰克人已经听从的那个人。"[26]这句话暗含的意思是，如果犹太人和基督徒可以像蛮族"族群"一样行事的话，帝国里的所有问题就都可以解决了。但是，问题显然在于，蛮族"族群"本身对罗马人强加于他们的方式并不满意。

尽管罗马人采用两分法的社会分类，但是进入到罗马世界并对罗马世界产生深刻影响的蛮族群体和罗马人一样，是法律性的政治实体，而不是族群性的政治实体。他们是贵族战士家族领导下的，由不同文化、语言和地理来源的群体联合而成的政治实体。阿勒曼尼人、哥特人、奄蔡人、匈人、法兰克人和其他蛮族群体都是由操多种语言、遵守不同风俗，并根据各异的传统进行自我认知的群体组成的。

他们出现和消失得似乎都非常快。但是，他们喜欢用比他们更早出现的“族群”的名称来称呼自己，而罗马人也倾向于将这些新的“族群”与希罗多德、普林尼或者其他古典作家作品中“族群”的名称对应起来：这两种倾向使他们存在的时间看起来比实际的长。最后，由于他们进入了罗马人的生活范围，罗马文明塑造了他们的政治、社会和经济结构；与此同时，因为他们试图让自己的风俗习惯与罗马人更加相似，所以，他们对自我的认知也受到了罗马人社会分类体系的深刻影响。

古代晚期欧洲的社会群体

根据不同的社会分类体系，罗马帝国头几百年里的欧洲居民可以被划分进许多互相重叠甚至自相矛盾的类别中。

在整个公元2世纪，按照传统的区分标准，帝国里的自由人口被分为公民与非公民。1世纪，公民与非公民之间存在一条鸿沟，正如圣保罗讲述的关于公民身份及其影响的故事所表明的，这条鸿沟不一定与语言、族群或地理位置有关。但是，总体上看，公民身份的范围以及罗马法适用的范围都依行省和城市（civitas）而定，所以，有限的公民身份强化了罗马帝国之前就存在的地区差异、政治差异和文化差异。然而，212年之后，当帝国内几乎所有的自由居民——例如，多神教徒和犹太人——都可以拥有公民身份时，公民身份很大程度上被当成了一项创造收入的措施，公民与非公民之间的区分变得没有任何意义了。主要以财富和政治影响力为基础的社会区分变得重要了：被起诉重罪，但可以在皇帝面前主动为自己做辩护的人组成了 honestiores[①]；而那些在行省统治者治下，没有任何上诉机会的广大公民组成了 humiliores[②]。

公民身份的普遍化也导致了不属于罗马法律传统的法律被废除，促进了通用的罗马法的发展。虽然公民群体的扩大从来都没有完全消除不同地区的法律差异，尤其是在东部的希腊化地区，但是，它却削弱了行省身份。纵观罗马帝国及其之后的历史，虽然精英阶层继续认为自己与所属的城市之间存在密切联系，但是，这种地方性的、感情上的归属只附属于罗马人的身份，而无法取代罗马人的身份。这种地区身份不是一种防御性的自我认同，没有把不同的社会群体放在相互对立的位置上。相反，地区身份体现在对本地区的自豪感中，表达了对富饶的乡村、优越的自然条件、物产和传统的赞扬之情。

① 拉丁语，意为“尊贵的人”。

② 拉丁语，意为“低贱的人”。

随着帝国中央政府的式微，这些地区身份开始主导行省的话语。用来表达这些地区身份的词语有些来自罗马政府的地区划分，有些来自前罗马帝国时期用来描述“族群”的词。由于罗马在高卢地区划分管理单位时一定程度上采用了当地部落间的界限，所以，这些部落的名字重新出现，并成为表达地区身份的名称，得到人们的喜爱。

同样地，由于罗马帝国统治在西部衰微，罗马化的蛮族（Romano-barbarian）精英们力图用继承下来的政治传统和民族志传统的视角看待新的政治和社会现实。他们非但没有抛弃几个世纪以来古典作品对族群特点的浅薄认识，反而把它们内化了，把罗马人长久以来投射在蛮族身上的特征作为事实接受了下来。如此一来，无论是在蛮族王国，还是在君士坦丁堡，这些新的蛮族政治实体以及它们的统治者们，都被当成了希腊－罗马民族志词语中的“他者”。在之前属于帝国的所有地区，蛮族的统治精英们既自认为也被认为是蛮族，被共同的血统、语言和风俗团结在一位族群性的国王之下。尽管如此，这一新的精英阶层在他们的族群与罗马人群体之间找到了平衡。关于这两个社会类别的理解因此发生了转变。

要和罗马人并驾齐驱，就要有和罗马人一样的古老性、文化和品德。因此，出现在帝国边境上的“新”族群必须被赋予一个跟罗马人一样古老而荣耀的历史。罗马人的特洛伊起源说让罗马历史有了和希腊历史同等的地位。犹太人和后来的基督徒也面临同样的问题，他们为自己辩护的方式是，在希腊－罗马的历史背景中构建出一个希伯来人的历史：他们认为，希伯来人与希腊－罗马人不仅有同样的地位还保持了长期的交往，而且，希腊的哲学家和立法者还曾向希伯来的长老和先知借鉴。在我们所知的对蛮族群体进行重新评价的第一次尝试中，卡斯多里乌斯明显采用了同样的方式，他收集了古代作家们对蛮族的描述——很有可能是对哥特人的描述——并以有利于东哥特人统治者的方式，将哥特人的口头传说编织进了普遍史，也就是希腊－罗马人的历史。他所撰写的哥特人史已经遗失了，他在那本书中宣称，他“把哥特人的起源变成了罗马史”[27]。这句话的准确含义是一个已经被讨论了多年的话题。有一位历史学家认为，卡斯多里乌斯只是用罗马史家的方式将哥特人的历史写成了“传记连载”，[28]但是，这句话的含义远不止此。通过证明哥特国王共有十七代（埃涅阿斯和罗慕路斯之间恰好也相差十七代），通过在书本（希腊文和拉丁文）记录和口头传说中发掘他们的功绩，他指出，虽然哥特人是蛮族，但是他们和罗马人属于同一个世界。约达尼斯（Jordanes）撰写的《哥特人史》（*Getica*）至少在一定程度上借鉴了卡斯多里乌斯的作品。在约达尼斯著作的早期版本中，哥特人被认为是古典历史中的盖塔伊人，他们知道阿马尔家族有英勇的战士和正义的国王，甚至在进入罗马人生活范围之前，他们就已经受到了哲学和神学的教化。

约达尼斯将哥特人纳入古典历史的叙事方法为后来的“蛮族史家们”提供了一个模板。6世纪到12世纪出现了一些作者，他们写作的主题被含混地称作“蛮族起源”（Origines gentium）。无论他们认同何种政治、宗教或文学目标，他们通常会将所描述的蛮族族群带入尽可能早的希腊－罗马时期的历史中。为了实现这一目的，他们不是给所描述的族群设置一个来自特洛伊英雄的起源，就是利用古典时期的民族志和罗马历史。

但是，当蛮族王国的精英群体内化罗马传统中关于蛮族的内容时，他们也正在消除罗马人与蛮族之间被长久珍视的区别。约达尼斯就曾非常明确地表达过。他的《哥特人史》是这样结尾的：日耳曼努斯·波斯都茂斯（Germanus Posthumus）的诞生促成了阿马尔家族和安西（Ancii）家族的统一，他既是最后一位阿马尔家族的人，也是查士丁尼大帝（Justinian）的外甥。将罗马人和哥特人简化成两个家族，并认为偶然的婚姻联盟能够让两者合二为一，这样的叙述不仅蕴含着对蛮族族群的理解，也蕴含着对罗马人这个群体的理解。到6世纪，至少在和约达尼斯一样的人看来，罗马人民本质上与蛮族族群是一样的。“他们”与“我们”之间的区别就此消失了。当然，在罗马人的思想中，“罗马人族群”的观念并不陌生。罗马诗人，如维吉尔，可能谈到过为创建罗马人族群做出的巨大努力。但是，一个古老的观念正在消失，即罗马人这一社会群体实际上是被构建出来的，因此它在出身和血统决定的自然秩序之外（与更强调自然性的“族部”不同）。罗马人变成了族群性的群体，和他们的蛮族邻居及其后继者一样了。

在罗马人越来越变成一个族群的时候，蛮族越来越变成了“人民”。在蛮族王国的背景下，对族群进行分类的标签从“他们”变成了“我们”，这样的转变强调了族群的政治属性。政治属性在古典时期的民族志中是微不足道的，但却是罗马人法律性身份的决定因素。认同族群传统的意愿取代血统、文化、语言和地理来源，成为一个人是否属于某个蛮族族群的决定性因素。而蛮族族群的传统主要体现在它的政治领导层——王室家族或贵族家族——以及这一领导层巩固领导权的能力上，尤其是通过军队巩固领导权的能力。现在，我们要来看看，欧洲的各个族群如何在一个复杂、矛盾而又迷人的过程中，在知识分子的思想里，同时也在罗马帝国的领土上，被创造出来。

第三章

蛮族与其他罗马人

罗马人喜欢将他们和他们的世界置于蛮族和蛮族世界的对立面。但是，正如我们在上一章中所说的，这两个类别几乎是不对等的。作为“罗马人民”含义的罗马人身份是一个法律性的身份：从内部来看，共同的文化和知识传统、共同的法律体系、归属一个共同的经济和政治传统的愿望，是这个身份形成的基础。简而言之，无论就“罗马人”这一名词的何种含义而言，它都是一个法律性的类别而非族群性的类别。相反，“蛮族”是一个被发明出来的类别，它是古典民族志和帝国主义几个世纪以来的偏见和臆断在多种多样的群体上投射出来的一个类别。尽管罗马人特别强调横亘在两者之间的鸿沟，但是，它们未必是相互排斥的。一个人可以既是罗马人又是蛮族。这两者之间的区别往往是理论上的，并非实际上的，而且，这两者的区别在4、5世纪变得越来越模糊不清了。

帝国里的阶级身份、地区身份和宗教身份

对众多或长久或短暂地居住在罗马帝国里的人来说，罗马人并不是他们最初的身份。比起共享一个国家或族群的身份，他们更可能对阶级、职业或者城市产生最早的归属感。可以肯定的是，自3世纪初起，公民身份就没有什么价值了。从212年开始，帝国内所有的居民实际上都成为罗马公民了，曾经被渴望的地位（要记得，保罗向一位刚刚以大代价获得公民身份的罗马军官宣称自己从出生起就是罗马公民时是何等骄傲）现在却只是一项为了财政和军事做出的权宜之计。卡拉卡拉（Caracalla）皇帝将罗马公民的身份扩大到所有人，为的是所有人都可以为罗马军团服务并且缴纳只有公民才需要缴纳的继承税。

由于每一个生活在帝国内的自由人都成了事实上的罗马公民，"罗马人"的自我认同就失去了重要性。现代民族志关于身份的研究已经证明，常常是那些处于群体边缘的人们才会产生非常重要的"族群性的"身份认同，这些族群身份使他们很大程度上将与自己不断相互影响的"他者"放在了对立面：这是他们与处于群体中心的人们所不同的。但是，由于大多数罗马公民与其他罗马公民生活在一起，而且大多数人既不会越过多瑙河去观察"自由的日耳曼人"，也不会犯险穿过撒哈拉沙漠与柏柏尔人（Berber）部落的男人们来一次意外相遇，所以，与

决定他们核心身份的其他因素相比，罗马性就并不那么重要了。真正的团结（和对立）来自阶级、地区和职业的不同，以及在某些情况下的宗教差异。如果蛮族一定存在，那么，他们的存在是一种理论上的社会类别，而不是生活经验的一部分。

罗马世界里最重要的区分是奴隶与自由人的区别。罗马帝国一直都是一个以奴隶制度为基础的社会。无论是通过对外战争而俘获的奴隶，还是由于身份继承或者因惩罚而成为奴隶的人，他们提供了社会所需的大部分的农业、手工业和工业劳动力。奴隶要服从他们主人的意志，并且仅仅因为他们的经济价值而受到保护。然而，主人和奴隶之间并不存在明确的种族、族群和宗教界限。确实，一些奴隶是新近从撒哈拉沙漠以南的非洲或现今德国地区的森林进口来的，而且，他们会因为肤色、体型和不同的长相而被区别对待，标以不同的价格。但是，可能除了标识奴隶身份的烙印和文身，以及可能被主人殴打造成的其他疤痕，我们无法将奴隶从人群中区分出来。

理论上来说，奴隶与自由人之间存在严格的界限，但是，这样的界限是可以被跨越的。一方面，自由的男人和女人有可能因为刑事和民事审判跌落为奴隶；另一方面，奴隶们也可以在自由社会中找到或者开辟出一片领域，最终有可能脱离奴隶身份。在主人许可的情况下，罗马的奴隶们可以拥有自己的财产（peculium），也就是他们在业余时间赚取的财物。然而，通常只在很少的情况下，奴隶们才可以通过支付一个象征性的金额来购买他们以及他们家人的自由。即使这条路走不通，还有另外的机会：为了在葬礼上有更多心怀感激的送葬者，罗马人早就开始通过在临死前释放奴隶来向公众展现自己的慷慨了。

被解放的奴隶们生活在一个过渡性的世界里。在法律面前，他们是自由的，可以自主地面对社会中的其他人，但是，他们仍然有尊从先前主人的义务，例如，向主人缴纳钱物并提供一定的支援。被解放的奴隶这一身份至少从理论上来讲不会被子孙继承，他们子孙的社会地位可以晋升到运气和智慧允许的任何高度。虽然这样戏剧性的攀升很少发生，但是，它不仅足以支撑起一个从奴隶身份攀升到有钱人的梦想，还足够维持实现法律地位根本转变的可能性，即从法律上的物变为法律上的人，尽管这个可能性非常小。

在帝国的自由公民中，精英群体与普通大众之间存在巨大的鸿沟。但是，我们很难把以佃农身份在他人土地上工作的普通农民与奴隶区分开来。精英群体，也就是 honestiores，凭借他们的财富和对国家的重要性，合法地享有被保护的权利。与普通公民，也就是 humiliores，不同的是，他们被免除了肉体的刑罚，要知道，这是普通大众最沉重和最耻辱的义务。对普通公民而言，从单纯的经济角度来看，一方面，他们也许比有特权的奴隶更悲惨，另一方面，他们与自主控制生活的富有地主们毫无共同点。公元3世纪，在税收、征兵和人口衰退的压力下，佃农（colons）日益变得和奴隶一样了。由于地主们被要求从他们的庄园中缴纳税收，而荒废的土地无法产生税收，所以，他们被赋予了控制劳动力的权力。与其他职业一样，农业工作变成世袭的了。地主们被赋予了追赶逃跑佃农并强迫他们返回庄园的权力。在3、4世纪，地主对佃农行使的管辖权不仅包括传统的庇护权，还包括更加强大的政治权力。

在本地和地区层面，帝国的地主们垄断了经济权力和政治声望。市政委员会的成员们控制着帝国每一个角落的公共生活，而他们要通过土地财富才能获得这样的地位。正是这些直接从罗马政府体制和“自由贸易区”获利最多的人奠定了罗马世界。与此同时，他们也有一定的义务，其中最重要的是通过代理人征收年税。这项税收的一部分将进入帝国国库，剩余的则用于当地的公共服务。本地委员会的成员们决定每个人所要缴纳的税额，以及本地专款的使用方式。借助这项权力，他们建立并提升了自己的庇护网络。只要征税不需要花费太大的代价，那么，这项公共职责就是有抱负的地方贵族的首要目标。

这些精英不仅因为财富而区别于普通大众。随着财富而来的是文化，派地亚（paideia）[①]是最能说明一个人不仅是罗马人还是文明人的特征。教育成了行省贵族们生活方式的一个部分，通过教育，精英群体将他们的身份发展成了更为广阔的世

① Paideia是对古希腊教育体系的称呼，有学者建议将其译为“教化”。但是，为了便于读者更加直接地了解paideia这个词的古希腊来源，译者将其音译为“派地亚”。关于paideia的含义及影响，参见高莘《从雅典到耶路撒冷——古希腊教化（paideia）的演变及早期基督宗教对其的传承》,《宗教学研究》2012年第2期，第220—225页。

界——罗马文化——的一部分。

但是，无论派地亚为他们打开了多么宽广的文明世界，大多数地方精英依旧对他们地产所在的地区有着强烈的归属感。从叙利亚到高卢，从北非到多瑙河边界，本地地主依然深深地扎根于他们的地区或家乡（patria）。这一现象是多种因素造成的。罗马帝国从初期开始就是一个由许多城市（及其周边的领土）组成的网络，这些城市通过特定的条约与罗马城联系在一起。罗马帝国扩张的方式是，尽可能地将先前已经存在的地方权力纳入罗马帝国的范围内，所以，很多本地贵族都是地区社会精英的后代，这些地区精英的家族在罗马帝国到来之前就已经统治当地社会了。在罗马多元的宗教和文化传统中，中央政府从来没有要求其他地区只能顺从罗马的价值体系：只要有可能，本地传统总是被融入或者被等同于罗马传统。不管怎样，人们并不需要忘掉他们家族在前罗马时代的早期部落或者文化传统中的地位。这些地位能够，并且确实，变成了外省贵族们可以自豪的理由。因此，成为罗马人并不一定意味着要为了新的道路放弃旧的道路，相反，成为罗马人意味着在新的道路中发现旧的道路。

社会和政治领域里的同化过程在宗教领域里也发生了。从美索不达米亚到不列颠，新的神可以被当作旧的神和人们熟悉的神在当地的显现受到崇拜。凯尔特人的女神图塔斯蒂（Teutates）被吸收进了墨丘利（Mercury）崇拜中，赫拉克勒斯在小亚细亚常常被认为是腓尼基人（Phoenician）或布匿人（Punic）的神灵。宗教融合最有名的一个例子也许要数伊西斯（Isis）了。阿普列乌斯（Apuleius）的《金驴记》（*Metamorphoses*）说，弗里吉亚人将众神之母伊西斯称为佩西努提娅（Pessinuntia）；而雅典人称其为帕拉斯雅典娜（Pallas Athena）；塞浦路斯人称其为维纳斯帕菲亚（Venus Paphia）；凯尔特人称其为狄安娜（Diana）；西西里人称其为普洛塞尔皮娜（Prosperpina）；伊洛西斯人（Elusinians）称其为克瑞斯（Ceres）；其他族群则将伊西斯称为朱诺（Juno）、贝罗（Bello）、赫卡塔（Hecata）、奈麦芬（Nemefin）；等等。[1]通过信仰，不同的族群被联合在了一起，即使他们并未察觉到这一事实。

罗马同化其他宗教的能力不仅在犹太教面前遭遇了严重的意外，还在犹太教的分支基督教那里遭遇了相对没那么严重的意外。极端的一神教对罗马的宗教政策提出了一个无法克服的难题。一些犹太人可以也确实成了罗马人，比如使徒保罗。然而，他们无法通过宗教的传统纽带完全融入罗马世界。不过，在耶路撒冷圣殿于公元70年被摧毁，犹太人被驱逐出巴勒斯坦和犹太地区（Judea）之后，那些分散在罗马帝国各地的犹太人似乎与帝国体制相安无事了。这些分散的小团体没有发动任何叛乱，也没有散播任何分离主义的言论。反而是基督教徒们采取了颠覆帝国的态度。

基督徒和犹太人一样，都是极端的一神论者。他们因反对罗马的传统宗教和帝国内被罗马化的其他宗教而被认为是危险的无神论者。但是，与犹太人不一样，基督徒并不通过地理范围和社会阶级实现自我认同。基督徒团体因为无视通常的社会地位标准而臭名昭著。每个基督教团体都是当地的教会（ecclesia），以当地的城市为中心并由当地选举出来的主教领导。这种模式在整个罗马世界都是一样的。安条克（Antioch）的“教会”、亚历山大里亚（Alexandria）的“教会”和罗马的“教会”各不相同。但是，基督徒同时又是超越帝国晚期排他主义的一股力量，是普世文化运动的力量之一，而且普世文化反常地超越了每个地方教会的地方传统。因此，基督徒表现出了一个与众不同的地方：他们本地和全世界两个层面同时建立起了兄弟关系，被包含在兄弟关系里的成员既是普通公民又与周围人存在深刻的隔阂。在宗教领域之外，基督徒没有明显区别于他人的特征，这引起了普通人和帝国秩序捍卫者们没有缘由的恐慌。

基督徒坚称，他们与其他公民完全一样：对皇帝、他们的城市、他们的阶级和职责而言，他们是顺从的、有道德的、忠诚的支持者。然而，他们的信仰却将他们与已经整合了罗马世界的宗教完全区分开来。

在地方权贵被罗马世界同化的过程中，他们没有被从原先的联盟中连根拔除。宗教融合只是这个过程的一个部分。婚姻和血缘关系也将罗马精英和他们的城市以及行省联系在了一起。罗马的士兵和官僚来到新建的殖民地，并与当地的家庭通婚；

在为这些地方带来罗马文化传统的同时，他们自己也融入了行省小城的农业经济。那些在更加广阔的帝国世界里获得成功的人常常会回归家乡，肩负起地方保护者的荣誉和职责。新来的移民和古老的家族相互交融，使当地的地主精英群体得到了延续。几代过后，本地家族之间通过婚姻建立起的网络加深了人们对本地景致和传统的认同。如此多样的地区身份不但没有取代罗马性，甚至都无法与罗马性相匹敌。事实上，罗马性是不同的行省身份认同得以充分发展的必要背景。

因此，罗马贵族的身份有着多层内涵。通过严格的贵族教育传统，罗马精英们完全认同最主要的罗马传统，他们在维吉尔、西塞罗（Cicero）和贺拉斯（Horace）的著作中了解自己的历史。与此同时，他们仍然紧密地依附于他们的行省，尤其是他们的城市。他们在诗中赞美行省的美丽、丰饶，以及它们的河流与森林。他们在行省的市场里，在当地元老院（或称“库里亚”[curia]）的公共职位里，寻找自己的未来。他们在当地的神庙中拜神，而这些神庙既像罗马的神庙一样具有普遍性，又像他们热爱的本地风光一样具有地方性。

一些历史学家强调奴隶和自由人、佃农和地主之间不可逾越的鸿沟，想当然地认为，对这些群体来说，阶级归属远比地域的、族群的或社会的共同体更为重要。从某种程度上来讲，这样的描述确实是真实的。因为在帝国晚期，经济和法律生活的现实情况对社会的垂直联系产生了反作用，不时发生的反抗地主阶层的暴力行为也是普遍现象。但是，社会流动或庇护网络却让不同社会阶层间的鸿沟变得并非不可逾越。

纵观整个罗马帝国的历史，帝国提供了社会流动的可能性，尽管是理论上的，它允许一个人从奴隶成为元老院议员。无论一个人的身份多么低贱，社会地位的提升即使不能成为现实却一直是一种理论上的可能。在公元3世纪漫长的危机中，社会流动不再遥不可及，通常通过在军队里服役而实现。戴克里先（Diocletian）皇帝只是达尔马提亚（Dalmatian）一个自由民的儿子。而戴克里先皇帝选择的继承人，伽列里乌斯（Galerius，305—311年在位），也同样出身贫寒，他起初只是喀尔巴阡山脉（Carpathian mountains）的一个牧牛人。

虽然大部分农民并没有从默默无闻的人变成权贵，但是，他们仍然与比他们地位优越的人保持着联系，这主要是通过罗马社会中最为古老的纽带之一——庇护和被庇护的关系——实现的。虽然被征服地区的社会得以在罗马帝国的行省中保留下来，但是，类似庇护关系却覆盖了地主与农民及依附者之间的关系。在动荡的古代晚期，庇护关系对双方而言的重要性都在增加。一方面，农民指望依靠他们的庇护人躲过帝国的税收官和军队的征兵官；另一方面，地主们试图通过领地上的居民组建自己的军队。到公元5世纪，不仅奴隶和佃农发动了反对帝国统治的叛乱，他们的庇护人也发动了反对帝国统治的叛乱。但是，没有任何证据表明，他们之间休戚与共的关系与族群或民族认同存在联系：对个人或家族的忠诚才是他们休戚与共的原因。

罗马的中心

当然，一些家族的成员不仅仅是本地的权贵和地区权力的代理人。帝国的大家族会在多个省份持有土地：他们不仅在非洲和高卢拥有广大的土地，如果他们是罗马元老院的成员，还必然在意大利拥有土地。这些家族在帝国生活的最高层中发挥作用，他们是丰富的罗马传统的传播者，这也许意味着他们会排斥和隐藏自己家族来自行省的事实。在整个2世纪里，这些家族都倾向于成为意大利人，如果他们的血统不能证明他们是意大利人，那么他们一定要在居住地和自我认同上成为意大利人。他们的收入虽然可能来自帝国最遥远的角落，但是和很久以前一样，不断地流向罗马城。

要达到这样的地位，或者要将这样的地位世代传承下去，最有把握的方法就是为帝国服务。直到3世纪晚期，贵族青年们想要进入权力和财富的最高层，就必须在承担公共职务的这条事业道路上交替履行社会和军事职责。在帝国体系内服务与在现代跨国公司里工作一样，意味着要不断迁居。一个年轻人在通过军事和社会职务获得更高荣誉的同时，也来来回回地穿越了帝国。意大利和罗马城一直吸引着野心家和有钱人。罗马文明的摇篮一直是创造和分配看似无穷资源的中枢，它将这些资源输送给了那些想要或者能够完全成为罗马人的人们。

然而，来自地方的成功男性青年们并没有被他们的家乡遗忘。成功人士出生地和（或）隐退地的人们为他们立起的雕像遍布整个帝国，雕像底座上的无数铭文证明，延续不断的地方纽带甚至将那些已经权高位重的人们与地方联系在了一起。甚至被神话了的戴克里先皇帝最后都带着皇帝的光辉隐退在了他的出生地伊里利亚（Illyricum）。

如果说元老院的大家族构成了罗马性的一个中心，那么军队则为罗马性提供了另一个中心。从某些方面来说，军队代表另一种身份，是一种与地区的特殊性联系更少的身份。罗马军团面向整个帝国招募成员，驻扎在具有战略意义的边境地区。虽然从1世纪起帝国就开始从周边的蛮族中招募雇佣军了，但是，在正常情况下，这些雇佣军会被划分成一个个单位分派到帝国的各个地区，尤其被尽可能地派往了那些远离他们亲人和族群的地方。因此，日耳曼人组成的军队被派往了埃及，而斯基泰人则驻守在了高卢和不列颠。无论是对居住在帝国边境的人们来说，还是对驻扎在边境、远离家乡和亲人的雇佣军来说，军队是罗马化的主要工具，是帝国内部唯一真正的罗马人机构。

3世纪，这样相互区分的身份开始在帝国内部发生变化。公民身份的扩大导致罗马军团事实上向所有人开放了，而且罗马军团常常连续十年甚至一百年一直在他们驻扎的地区招募成员。不仅如此，从2世纪晚期开始，现役士兵就被允许结婚了（尽管从几十年前开始他们就已经违背规定这么做了）。由于他们的妻子是当地人，军队与本地社会群体之间相互融合的过程被加快了，以至于在帝国内部调动军团抵御入侵都有可能引起反叛。雇佣军也开始反抗任何想要调遣他们离开家乡的命令。360年，当东部前线面临大批波斯人的入侵时，君士坦提乌斯（Constantius）皇帝从罗马日耳曼边境东段调遣雇佣军和其他军队，结果却导致了拥护西部凯撒·尤利安（Caesar Julian）为皇帝的军队叛乱。

蛮族世界里的社会身份

在广袤帝国的边境上，罗马军队对被他们急切地称作蛮族的人们保持着警觉。

罗马人用蛮族邻居的社会单位“部落”（gentes，相当于希腊语的ethne）来称呼他们，并且认为他们具有永远不会变化的特征。正如我们已经看到的，永不变化的特征是从希罗多德开始的古典民族志的内容之一。他们究竟是怎样的群体？如果他们有“族群意识”的话，他们的自我认同或者说“族群意识”是怎样的？这些问题实际上是无法查明的。但是，如果通过他们的邻居罗马人的眼睛来观察，我们将能够得出一些结论，而这些结论与作为同时代“文明”人的罗马人对他们的印象并不相同。

蛮族包括由农民和牧民组成的小型社会群体，他们居住在从北海、波罗的海到黑海的河岸、海岸以及森林空地上的村庄。这些社会群体里的大部分人是自由的男女，他们组成了由丈夫或父亲领导的核心家庭。一个家庭在村庄中的地位取决于军事才能和所拥有的财富，而牛群的大小是财富计量的标准。一些由富有男性领导的家庭不仅包括一位或几位妻子以及孩子们，还包括依附于他的自由人以及居住在环绕主人房屋所建的外屋里的奴隶。

家庭融入了更大的家族中，也就是学者们所说的氏族。氏族是更大范围的亲属圈，包括父系和母系双方的亲属，他们对共同的血统有着一样的感情，这个感情通过一个特殊的“和约”而得到加强，即氏族内部的暴力冲突被视为不可补偿和不可抵赎的罪行。氏族很可能有一些对继承权的限制，也存在乱伦禁忌。这个更大范围的亲属关系还可能成为联合抵抗和相互寻仇的基础。然而，氏族成员的身份是有弹性的。它提供了一致行动的可能性而不是必要性，因为个人可以根据情势的需要，从各种各样可能更加广泛的亲属关系中做出选择。与范围更广的氏族相比，核心家庭才是蛮族社会的基本单位。

管理乡村生活的是由一位村长领导的自由人大会。村长的人选由各种因素综合而定，包括他的财富、家族影响力以及他与乡村之上的领导权威，即族群的关系。在乡村之外，存在更大的群体单位——部落，或者说族群；它们会相互联合在一起，而促成联合的原因是，它们的宗教传统、法律传统和政治传统相互结合，表达出了强烈的（即使是不稳定的）团结意识。

同一个“族群”里的成员共享相同的祖先神话、文化传统、法律体系和首领。但是，所有这些元素都是灵活而多样的，它们取决于妥协和斗争的结果。祖先神话通过英雄人物的系谱和英勇事迹来表现。系谱的创建者们是神圣的，但他们后代的系谱缺乏对大事件有条理的叙述以及对这些大事件重要性的综合表述，并未形成希腊－罗马意义上的历史。然而，这些神话保留了关于一些个人非时间和非政治的记述，这些个人被血缘纽带以及关于复仇和家族仇杀的故事编排在一起。这样一来，许多个人和家族都可以宣称自己与这些神话之间存在联系。

学者们将这些传统观念的复合体称作“传统的内核”(kernels of tradition）。而且，从德国中世纪历史学家和民族学家莱因哈德·文斯库斯（Reinhard Wenskus）开始，学者们就认为，王室家族是“传统的内核”（traditionskern）的载体，它使一个虚构的却不断变化的族群身份的本质在“传统的内核”里具体化了。[2]许多情况下都是如此。但是，还存在另一种可能：不同的家族保留了传统的不同版本或者相互竞争的版本，并不惜以牺牲其他家族为代价，将自己家族版本的传统和权威强加给整个族群。其他情况下，这些传统很可能被广泛地传播到整个社会，而不仅仅为个别家族专属。不可否认，公元4至5世纪，一些个人设法确立了自己的统治地位后，要么宣称自己具备了这些传统，要么就通过一些光荣的家族传说和英雄神话将自己与这些传统联系起来。他们试图通过这种方式让自己的历史成为族群的历史。这种做法有时候是成功的，有时候却是灾难性的。

虽然，其他文化传统，例如语言、武器、战术、服装和发式，也可以为团结社会群体提供纽带，但是，它们的易变性、可适应性让它们既是创造团结的方法也是主张差异的方式。[3]甚至罗马人也意识到，如果存在一个用语言区分族群的理想模式，那么，语言的数量会比族群的数量多。公元9世纪前，似乎没有人认识到许多蛮族族群说的日耳曼语在语言学上是统一的。

蛮族的武器和战术各不相同，但是，我们无法知道这些被当作统一性标志的元素对特定的蛮族族群具有何种程度上的重要性。罗马时期的文献提及了各种特色的武器和战术，例如匈人的弓、达基亚人的投枪、哥特人的长矛或者法兰克人的战斧，但是，这些文献并没有反映出族群与武器之间任何真正的一致性。它们可能更多地反映了罗马人对分类的热衷，而没有反映出蛮族真实的习俗。甚至就法兰克人的战斧而言，它似乎确实是公元5世纪末之前的一个典型武器，但是，比起法兰克人的敌人西哥特人和拜占庭人，法兰克人自己似乎没有觉得它是“法兰克人的”传统。

同样地，以骑兵作战的斯基泰人（哥特人、匈人和阿瓦尔人）与以步兵作战的日耳曼人和凯尔特人之间的区别也被罗马时期的文献夸大了。草原游牧部落的士兵确实是骑兵，但是，当财富和社会地位允许时，西部的日耳曼人也采用了骑兵。不仅如此，由于罗马军队以小分队的形式招募蛮族士兵，所以，这些蛮族小分队可能会被要求具有更加符合罗马军队需求的专业技能，而不是符合族群传统特长的技能。《职官录》(*Notitia Dignitatum*) 是一份包括了大约四百名高级军事官员和民事官员的官方名单，它列出了由阿勒曼尼人和法兰克人组成的骑兵分队。这些士兵是因为具备骑手的才能而被招募进帝国军队的，还是为了符合罗马人的要求而专门进行了骑兵训练？

服装和装饰品当然也是千差万别的，它们也许曾经被作为群体身份的象征。一个社会中的某些人如何穿着，佩戴哪种饰针或腰带，如何打扮自己的头发，这些都具有重要的象征意义。但是，这些象征性的含义在事后是无法被了解的。罗马人很喜欢对服装和发型的区别加以评价，但是，这些评价很有可能还是来自罗马人对分类的兴趣而不是准确的观察。因此，结论很可能是，人们没有把这些特征视为不变的文化统一性的证据，而是对这些特征进行了控制和调整，以便应对群体形成中不断变化的利益。

法律传统，也就是处理冲突的方法，是宗教和文化身份的结果。由于中央权威虚弱，家族首领、村民大会和军事首领们承担起了调解纠纷的职责。对纠纷的控制要么是为了保持和平，要么至少是为了设立一些规则使仇恨发生的方式对社会群体的损害最小。最终，在这些宗教和文化群体之上建立起了政治领导权，政治领导权在蛮族与罗马接触的头几个世纪里经历了重大的转变。

当罗马人开始与凯尔特人和日耳曼人接触时，后两者还主要处于世袭的、神圣的国王统治之下，国王是他们族群身份的化身。在公元1世纪和2世纪里，那些与罗马人毗邻的蛮族普遍废除了传统的神圣国王，转而支持来自古老王室家族或来自成功士兵阶层的军事首领。这样的转变有利于罗马帝国，因为对罗马而言，对出身寡头集团的首领施加影响比对古老宗教权威的继承者们施加影响要容易得多。

这些首领由不同的军队选出，形成了不同的权力中心，围绕这些中心发展出了政治和宗教身份的新传统。在某些情况下，那些古老而又神圣的社会身份被嫁接到了这些新的权力中心上。这些首领的合法性根本上来自他们领导军队取得胜利的能力。胜利的战役加强了他们的统治权威，也给他们带来了日益增长的民众，这些民众接受并分享他们首领的身份。如果幸运的话，胜利还可以给这些领袖带来罗马的认可和支持。因此，一个卡里斯玛式的领袖可能是一个新族群的开始。首领和他的后代们最终可能会用一种相对古老的传统来确认自己的身份，并宣称战争中的好运气证明他们具有神圣的使命，能体现某个古老的“族群”并使它永恒化。因此，通过这种方式构建出来的族群完整性依赖于为族群身份和族群延续所进行的战争和征服：虽然这些族群就是军队，但是他们的经济不仅依赖于劫掠，还依赖于畜牧业与刀耕火种的农业的搭配。战败，无论是败给罗马人还是败给其他蛮族，不仅可能意味着一位统治者的死亡，还可能意味着整个族群的消失，失败一方可能因此被另一个取得更多胜利的联盟吞并。

但是，到3世纪，罗马帝国甚至已经改造了帝国边界之外的居民。罗马决定设立受到帝国庇护的缓冲国，避免帝国与心怀敌意的更加遥远的蛮族接触。同时，这些缓冲国还可以作为贸易伙伴，为帝国提供牲口、原材料、奴隶以及后备部队。这样的政策并不是新发明。几个世纪以来，罗马帝国一直向友好的蛮族酋长们提供支持，向他们供应武器、金子和粮食，以便通过他们加强蛮族世界中亲罗马派的力量。一些酋长甚至被奖励获得了罗马公民的身份。阿米尼乌斯原本不是罗马公民，却因在条顿堡森林击败瓦罗斯而名声显赫，被接纳进入了罗马骑士阶层。[4]

罗马的睦邻政策不仅对沿罗马界墙（limes）居住的蛮族有效，还在远离罗马的蛮族中产生了显著的效果。罗马的经济和政治力量使亲罗马的蛮族酋长们积累了远远超过预期的财富和力量，打破了蛮族世界中艰难的力量平衡。这些酋长不仅被授予公民身份，学习罗马税收的方法，还作为同盟者带领自己的士兵服务于罗马军队，并从中积累军事和政治经验。与此同时，对罗马人及其蛮族同盟者的恐惧导致了反罗马派的增加，虽然他们并不稳定，但是，他们组建的强大联盟还是有可能偶然地损害边境内外的罗马利益。这样的情况在凯撒时期的高卢人中发生过，还在1世纪末的不列吞人中发生过。2世纪晚期，马科曼尼人的一次广泛联盟曾经尝试并短暂地攻破了多瑙河边界。

因此，无论何时，在这些广泛的联盟中总会有各种各样的人宣称他们具有某种血缘，可以统治“族群”中的某些人。他们要么提议自己的传统应该成为可以凝聚一个群体的“传统的内核”，要么认为他们就是某种古老而被大家共有的传统的传承者。由此看来，随着新群体的出现以及老群体的消失，蛮族们的“族群”身份表现出了不同寻常的不稳定性。不变的常常是一种信念，尽管是虚构的信念，即群体拥有一个古老的并受到神意赞许的历史。

危机与重建

3世纪期间，来自内外的双重压力在罗马帝国内外引起了社会和制度的重建。由此产生的结果影响深远，不仅改变了古代晚期的社会结构，也改变了人们的自我认知。老的统一体瓦解，新的身份出现，其中一些被追溯到了更远的古代和前罗马时期。

公元3世纪的危机是一个复杂的现象。多瑙河边界、北非边界以及与萨珊王朝治下的波斯帝国相邻边界的压力不断增长，人口减少，传统的、以意大利为基础的罗马权力中心出现了领导权危机：这些现象共同导致了3世纪的危机。无论危机发生的根本原因是什么，它引起了权力平衡的变化，由于边境的军队面临蛮族持续的挑战，权力从意大利转向了边境地区。皇帝们不再从帝国的古老中心产生，而是从边境军队的将领中产生。一旦这些“军营皇帝们”无法满足士兵对高额回报的需求，或者不能够带领士兵战胜竞争者的军队或蛮族敌军，他们就会被自己的军队暗杀。235至284年间，二十位皇帝中有十七位因遭遇暴力而死亡，而这通常发生在他们夺得统治权后的几个月内。

行省里的地主曾经得益于帝国体制，但是失败的军事系统导致开支日渐增长，成了他们难以承受的负担。他们将军事开支转嫁到佃农和奴隶身上。带来的结果是，罗马帝国遭受了不断增加的农民起义、时有发生的叛乱和农民的集体逃亡。虽然土匪很可能会成为匪帮，从而带来严重的叛乱，但是，长久来看，他们并未给帝国造成严重的危害。这时候，佃农在许多起义中似乎和奴隶联合了起来，共同反抗地主和奴隶主不断提出的令人绝望的要求。

地主们，尤其是本地市政委员会的成员们，和他们的农民一样绝望。无论他们是否能收到足够的税，帝国税收官都要求他们缴纳固定金额的城市税，所以，许多地主面临破产的危险。逐渐地，在当地权贵们的眼中，从遥远而又无能的罗马派来的代表成了比蛮族突击队更危险的敌人。当帝国的欧洲部分承受暴力和骚乱的侵袭时，新的、脱离了帝国权威的政治实体开始在这里出现。由于帝国体制在阻止法兰克人极具破坏力的入侵以及防止其他蛮族穿越罗纳河进入高卢和在259年进入西班牙的过程中表现得很无能，高卢地区的罗马军队推举他们的指挥官卡西乌斯·拉提努斯·波斯杜穆斯（Cassius Latinus Postumus）穿上了皇袍。他自称是高卢、不列颠和西班牙部分地区的指挥官。这个所谓“高卢帝国”由他和他的继任者们一直统治到了273年。

把这些脱离帝国的政治实体视作高卢或西欧“民族”身份发展的表现是不正确的。西部的贵族之所以支持高卢帝国是因为它为西部省份提供了安全和保护措施。相较于更加中央集权的帝国系统，高卢帝国为这些贵族提供了更多可以快速进入权力中心的途径以及更直接参与政治生活的方式。所以，高卢帝国是对不合理压力的一种合理回应。支持波斯杜穆斯及其继任者们并不意味着疏远罗马性所代表的传统。但是，即使高卢帝国不是“高卢民族主义”的证据，它却早早地说明了，与不合时宜的罗马统一体的理想相比，罗马行省的人们更关心如何在当地保持财富、安全和地位等实际问题。从某种意义上说，它是5世纪西罗马帝国瓦解的一场彩排。

3世纪的危机同样也是蛮族世界的一场危机。马科曼尼战争结束后，3世纪期间，沿莱茵河－多瑙河边境出现了新的蛮族“族群”。罗马作家们将他们统称为“日耳曼人”，这一名称被用来指代所有出现在莱茵河边界的蛮族，不管他们在语言和其他“族群”特征上存在何种差异。罗马作家们还对日耳曼人做了进一步划分：那些住在下莱茵河的人是法兰克人或者说“好斗的人”、“自由的人”，而那些住在上莱茵河的人则是“阿勒曼尼人”（也被写作“the People”）。

由于Franci[①]和Alamanni[②]的称呼都是日耳曼语的词，所以，它们一定是罗马人从这两个群体的成员那里或者其他说日耳曼语的邻居那里学来的。这两个称呼都没有出现在右莱茵河地区更“古老的”族群名称中。它们一定是新词。现代历史学家认为这两个“新蛮族”是从其他地方迁徙而来的，所以，他们在出现于易北河（Elbe）地区的、曾被塔西佗提到的苏维汇人中寻找关于阿勒曼尼人起源的线索。他们提出，一部分苏维汇人在3世纪初期迁徙到了罗马的边境地区。然而，更有可能的是，阿勒曼尼人并不是从其他地方迁徙而来，他们是由很久之前就定居在上莱茵河地区的当地群体组成的一个联盟，只不过采用了一个新的集体身份。同样地，法兰克人只是莱茵河下游许多族群组成的一个联盟。

在下多瑙河沿岸，随着马科曼尼战争的结束，另一支日耳曼人和萨尔马提亚人，甚至还有一些罗马人，团结在了哥特人将领尼瓦（Cniva）的领导下。这些出现于罗马边境上的日耳曼人分支的背后还有其他族群：法兰克人的背后是撒克逊人，阿

---

① 法兰克人的拉丁文写法。

② 阿勒曼尼人的拉丁文写法。

勒曼尼人的背后是勃艮第人、汪达尔人和哥特人。

虽然并不是蛮族导致了3世纪的危机，但是，他们的确加重了危机。例如，3世纪50年代，当哥特海盗从多瑙河河口抵达黑海进行劫掠时，哥特人国王尼瓦带领由多个族群组成的联盟入侵了达基亚省。当驻扎在莱茵河沿岸的罗马军团被调派到东部处理内部和外部问题时，蛮族把握时机发动突袭，攻陷了防守脆弱的边境。罗马军队从莱茵河和多瑙河上游撤回后，阿勒曼尼人的军队（可能得到了某些罗马行省指挥官的支持）挺进了被称作第十军团的地区。法兰克人军队则进入了高卢，甚至西班牙的腹地。

重建与变革

在解决危机时，一位又一位有着超凡能力的皇帝都采取了对罗马世界和蛮族世界同时进行改造的措施。

首先要做的就是，消除蛮族的威胁。加里恩努斯皇帝（Gallienus，253—268年在位）和他的继任者们果断地击败了法兰克人和阿勒曼尼人，接着，奥勒良皇帝（Aurelian，270—275年在位）在一系列战役中击溃哥特人，并粉碎了他们的联盟。虽然蛮族的侵扰还是时有发生，但是，在接下来的一个世纪里，边境地区基本上获得了安全。尽管帝国不再对达基亚地区和第十军团地区保有完全的控制权，但是，帝国采取的措施还是确保了帝国在4世纪的大部分时间里是相对安全的。

对一些蛮族军队而言，战败会摧毁它们作为一个有内聚力的社会单位的身份。相较于罗马军队跨越莱茵河或多瑙河的出征给蛮族造成的损耗和死亡，蛮族侵扰给帝国造成的危害简直微不足道。310年的一篇颂文描述了君士坦丁（Constantine）皇帝领导的一次报复性出征给布鲁克特里人（Bructeri）造成的悲惨结果：这些蛮族在一片密不透风的森林和沼泽中被罗马军队围剿，他们的牲畜被没收，村庄被焚毁。所有的成年男性被扔进角斗场里野兽的口中，儿童则被当作奴隶出售。

最极端的情况下，战败意味着整个族群的毁灭、社会和政治纽带的彻底瓦解，以及被罗马世界吞没。其他情况下，幸存的战士们有可能被迫进入罗马军队。这些dediticii[①]或laeti[②]在接受一个表示放弃武器并任凭罗马征服者发落的仪式之后，要么被划分成小分队分散到帝国各地，要么驻扎到荒无人烟的地区为军队服务，并重建那些因蛮族袭击和纳税人逃跑而荒芜的地区。由法兰克人组成的一个小分队被派往黑海沿岸，他们设法逃离当地，抢占了一艘船，在横渡地中海，穿越直布罗陀海峡之后，终于回到家乡。不过，和他们有着相同处境的大部分人还是终身在罗马军队这个熔炉里服役。

① 拉丁语，意为“投降者”。
② 拉丁语，意为“在帝国版图内定居的蛮族人”。

如果说正式的投降，即 deditio①，从罗马共和国时期开始就是一个无条件投降的宗教仪式，并意味着一个族群和社会的彻底毁灭的话，那么，现实情况却总是和罗马关于胜利的思想体系存在严重的偏差。同样也是从共和国时期开始，被征服和被毁灭的族群，经常在原先的政治和社会精英的领导下，想要在某些层面上重建他们的身份和独立地位。罗马的怀柔政策（和政治需求）事实上导致那些被击败甚至被“歼灭”的族群可以继续存在。通过明确规定对皇帝义务的条约或者 foedus②，这些族群得到了重建。[5]

然而，对罗马边境上未被军队同化和未被卖作奴隶的蛮族来说，战败同样意味着重大的变化。战败蛮族军队的国王们由于无法再通过劫掠来维持政治和经济体系，于是发现了一种替代劫掠的方式，即为罗马帝国服务。罗马皇帝奥勒良在270年击败汪达尔人军队后，与其签订了一项条约，确定了汪达尔人作为帝国同盟者的地位。整个3世纪，罗马帝国与法兰克人和哥特人都维持着类似的条约。同盟者（Foederati）不得破坏帝国边境，要向帝国军队提供士兵，在某些情况下还要用牲口或商品缴纳额外的款项。亲罗马的蛮族领袖发现，当他们不与罗马为敌而为罗马而战时，他们的权力和影响力反而可以达到先前无法想象的高度。因此，亲罗马派和反罗马派在帝国边境沿线

---

① 拉丁语，意为“投降”。
② 拉丁语，意为“盟约”。

的蛮族联盟中同时发展起来。在邻居罗马帝国的鼓动下，蛮族上层内部一直存在一定程度的紧张与不和。

随着这些“新”蛮族与胜利的罗马强权达成协议，相对稳定的蛮族政治实体以新的方式在莱茵河和多瑙河沿岸发展起来。这些蛮族群体的成员们如何认定自己的身份？虽然我们无法获得蛮族关于自我认识的直接陈述，但是通过间接的表述，我们认识到，一个人可以同时拥有好几个身份，因为他既可以视自己是较大联盟中的一分子，也可以视自己是较小群体中的一分子。因此，罗马人仍然使用一些古“族群”的名称称呼他们。阿勒曼尼人虽然在第十军团的地区安定下来，但是，他们保持了一个松散的、非常不一致的身份认同感，这个身份认同感通常只会由于对罗马邻居的极度恐惧而不时地凝聚起来。[6]例如，357年反抗尤利安皇帝的阿勒曼尼人联盟据说由一对被称作“力量远超其他国王的”叔侄、五位次一级的国王、十位亲王（regales）和一些权贵共同领导。虽然罗马人在流传下来的原始材料中将这些首领统称为阿勒曼尼人，但是，他们同时认识到，阿勒曼尼人是由分别拥有自己国王的布希诺邦特人（Bucinobantes）、兰提恩斯人（Lentienses）和朱桑盖人（Juthungi）组成的。这些子群体可以被称作部落，含有某种社会和政治体制的意思，或者可以被称作pagi①，让人联想到它们的组织至少

① 拉丁语，意为“区”。

在某种程度上是地区性的，或者就像兰提恩斯人的含义一样，同时具有这两个层面的意思。

类似地，早期的法兰克人也是由许多小群体组成的，例如卡马维人（Chamavi）、查士阿里人（Chattuarii）、布鲁克特里人、阿姆斯瓦里人（Amsivari），数量庞大的亲王和公爵（duces）实际上瓜分了对整个法兰克人的控制权，并且为获得最高权力相互争斗不休。除此之外，法兰克人不仅对这些小的群体和更广泛的法兰克人联盟有认同感，还对罗马世界抱有认同感。3世纪，一位来自潘诺尼亚（Pannonia）的墓碑雕刻者在一位服务于罗马军队的法兰克人战士的墓碑上留下了这样一句话："虽然我是法兰克人公民，但是在军队里，我是罗马人战士。"（Francus ego cives, miles romanus in armis.）[7]这不是关于蛮族自我认同的简单陈述。从语言和术语学上来看，这句话透露了这样一个事实：罗马的公民观念已经完全渗透进了战士阶层。一个人被称作法兰克人公民，这在名称上显然是自相矛盾的，但是却隐隐地承认了法兰克人统一体本质上是一个法律性的群体。不仅如此，通过说明这位战士是为罗马军队服务的罗马人，这一碑文还凸显出了一个在3世纪晚期新出现的基本事实——罗马军队本身正在蛮族化。

利用这种双重身份，蛮族出身的罗马战士既可以加强他们在帝国里的地位，也可以强化他们在自己所属族群中的地位。例如，4世纪晚期，法兰克人军事首领阿博加斯特（Arbogast）

虽然服务于罗马军队，却利用他罗马人的身份在莱茵河两岸的土地上向法兰克人亲王马尔科梅尔（Marcomer）和叙诺（Sunno）寻仇。

不过，在众多利用法兰克人和罗马人双重身份的法兰克人首领中，阿博加斯特只是其中的一位。这些法兰克人首领的崛起得到了罗马皇帝的积极支持。罗马皇帝为应对罗马军队的双重困境——内部冲突和与波斯相邻边境的压力，找到了最为经济的解决方法：从蛮族中招募士兵比从帝国内部征集传统的军队更加经济、更加有效。君士坦丁一世开创了这条道路，他不仅将法兰克人组成的军事单位作为后备军并入帝国军队，还提拔蛮族出身的军人成为高级军官，比如法兰克人弗兰克·博尼都斯（Frank Bonitus）。他是第一位“帝国的”法兰克人。博尼都斯之子西尔瓦努斯（Silvanus）已经完全罗马化，355年，他在担任罗马驻科隆（Cologne）卫戍部队指挥官时，被他的军队推举成为皇帝。西尔瓦努斯想要重返他所属的法兰克人族群，却被警告这样的举动会让他面临死亡。不出所料，他很快就被君士坦提乌斯皇帝派来的刺客刺杀了。之后的蛮族指挥官们，例如玛拉里克（Malarich）、条托梅雷斯（Teutomeres）、马洛巴乌德斯（Mallobaudes）、拉尼奥盖苏斯（Laniogaisus）以及阿博加斯特都意识到了皇帝头衔的危险性。他们不再图谋篡权，但仍然在西罗马帝国行使着巨大的权威。

大多数情况下，这些罗马将领与帝国之外他们所属族群的成员保持着密切的关系。西尔瓦努斯被刺杀后不久，法兰克人就洗劫了科隆，这很有可能是法兰克人的报复行动。马洛巴乌德斯参加378年由格拉提安（Gratian）皇帝领导的对阿勒曼尼人的战争并取得胜利后，立刻被罗马史家阿米阿努斯·马尔切利努斯称作“皇帝卫队队长”（comes domesticorum）和“法兰克人的国王”(rex francorum)。其他法兰克人将领，比如阿博加斯特，利用他们在帝国中所处的位置，跨越莱茵河攻打他们的敌人。但是，他们的处境在帝国内外都非常不稳定。他们常常受到罗马人出身的竞争者们的攻击，即使他们实际上并没有比处于高级统帅地位的罗马人更不可靠。不仅如此，因为同时是罗马军官和罗马宗教——基督教或多神教——的信徒，他们在自己的家乡往往还是反罗马派攻击的靶子。进入罗马的高级统帅层常常意味着要放弃他们在帝国之外的蛮族族群中的首领地位。

更东面的哥特人联盟以及他们的军事王权在罗马的压力下四分五裂。生活在最东面地区的哥特人，也就是位于现在乌克兰的哥特人，接受了一个新型的但仍然宣称具有古老而神圣合法性的王室家族的统治，而在西部的多个哥特人群体中，众多reiks（战争领袖）共享并争夺寡头政治的控制权。

到4世纪时，更东面的哥特人，即格鲁森尼人（Greutungs，这一名称大概的含义是“大草原的居住者”）已经吸收了斯基泰人的特点。在西部地区，瑟文吉人（Tervingi，这一名称的含义是“森林人”）已经处于罗马最直接的影响之下。他们都是固定的农耕社会，但是，格鲁森尼人的军事精英主要是步兵，而瑟文吉人按照古老的斯基泰人传统，以骑兵作为军队的核心。4世纪，瑟文吉哥特人将他们的统治扩张到了一系列有着不同语言、宗教和文化传统的族群中。

哥特人联盟中的人们定居在农业村庄中，处于由自由人组成的地方会议的管理之下，却服从于一个由哥特人军事首领组成的寡头制权威。这些军事首领由一个超级国王法官（kindins）领导。332年，君士坦丁皇帝和瑟文吉人法官阿里阿尔克（Ariaric）达成协议。阿里阿尔克的儿子奥里克（Aoric）被提拔到君士坦丁堡，君士坦丁皇帝甚至在城里竖立了一座雕像用来纪念他。在阿里阿尔克、奥里克和奥里克之子阿萨纳里克（Athanaric）的领导下，这些西哥特人逐渐融入罗马帝国的体制，为帝国的东部地区提供了后备兵力。与帝国的亲密关系让他们在帝国内部的政治和竞争中发挥了影响。365年，篡位者普罗柯比乌斯（Procopius）说服瑟文吉人支持他作为君士坦丁王朝的代表，反对瓦伦斯（Valens）皇帝。在普罗柯比乌斯被处决之后，瓦伦斯皇帝发动了一场跨越多瑙河的残酷的惩罚战争。直到369年，阿萨纳里克和瓦伦斯皇帝达成协议才结束这场报复行动。

宗教是哥特人联盟的黏合剂。但是，联盟内部复杂的结构为保持宗教统一体制造了不少麻烦。哥特人联盟中的基督徒大部分是尼瓦时期从克里米亚地区吸收来的，其他的基督徒则是在屡次跨越多瑙河的突袭中掳掠而来的：他们构成了最难被同化的宗教少数派。这不仅是因为基督教的一神信仰具有强烈的排他性，还因为基督教在罗马帝国的政治战略中占有重要地位。从信仰正统基督教的（也就是"正确信仰的"或者说基督教正统教会的）克里米亚哥特人到瑟文吉人中宣称信奉上帝肉身的奥迪安派（Audaian），再到哥特人控制下的巴尔干地区的各种阿里乌斯派（Arian）或半阿里乌斯派（semi-Arian）的宗教团体：哥特人基督徒们典型地反映了基督教信仰错综复杂的派别。最有影响力的哥特人基督徒要数乌尔菲拉了（他的哥特名字表示"小狼"）。他是一个有着相对较高社会地位的哥特人家族的第三代，他的祖先们信奉基督教，他们是在3世纪60年代哥特人对卡帕多细亚（Cappadocia）的一次入侵中被俘获的。4世纪30年代，乌尔菲拉作为代表团成员来到君士坦丁堡，在帝国内居住一段时间后，在341年安条克会议上被祝圣为"盖塔伊人地区的基督徒主教"，并被派往巴尔干半岛的哥特人中。乌尔菲拉的授职礼、他对哥特人和哥特人联盟内其他族群的传教都是罗马帝国对哥特人计划中的一部分，这一计划可能导致了348年奥里克治下对哥特人基督徒的第一次迫害，以及阿萨纳里克治下从369年开始的第二次迫害。第一次迫害中，乌尔菲拉和他的追随者们被驱逐到了罗马帝国的默西亚省（Moesia）。在默西亚省，他用哥特语、拉丁语和希腊语向不同的人传教，写作了多篇神学论文，和其他人一起将《圣经》翻译成哥特语。在关于基督神性与人性的问题上，乌尔菲拉和他的追随者们试图指引出一条介于正统教会和阿里乌斯派之间的中间道路，这样的中间态度必然导致他们被后来的正统基督教徒贴上阿里乌斯派的标签。然而，在短期内，阿萨纳里克对基督徒的迫害和早期罗马帝国对基督徒的迫害一样，没有什么效果。他只是成功地分裂了哥特人，并为哥特贵族菲列迪根（Fritigern）提供了一个机会。菲列迪根趁机与罗马皇帝瓦伦斯取得联系，并同意皈依阿里乌斯派以换取瓦伦斯皇帝支持他反抗阿萨纳里克。

内部的转变

用来结束危机的措施既深刻地影响了生活在帝国内部的人们，也深刻地影响了那些生活在帝国控制之外的人们。为了保持生产力，也为了控制正在逐渐瓦解的税收基础，整个帝国的职业都实行世袭制。从事农业的劳动者们被束缚在他们工作的庄园上，不得不更加依附庄园主。当情况变得越来越让人难以负担时，“抢劫”—— 一种对武装起义委婉的说法——变得越来越普遍了。对农民而言，更有效而不太暴力的方式是逃跑：他们逃离了庄园，在那里，租金和赋税会导致他们经济破产。因此，被称作“荒地”（agri deserti）的地区开始在帝国出现。我们无法知道这些“荒地”是指因战争和税收而被荒废的真正的无人区，还是指帝国税收官无法执行税收评估的区域。

税收逐渐成为地方市政委员会委员们的负担。一些权力强大的委员通过政治关系或雇用打手的方式成为帝国税收体系或财库的强力执行者，进而获得了成功。对另一些委员而言，被选入市政委员会简直就是一次让个人破产的刑罚，因为委员们必须自行缴纳他们不能完成的税收额度。一些委员甚至加入农民的行列，逃离了帝国压在他们身上的重担，他们从城市退回到自己的庄园，凭借私人武装，威胁并抵抗国库税收官。因此，对这两个分别处于社会等级两端的群体而言，繁重的税收削弱了将地方共同体与罗马联系在一起的忠诚的纽带。

税收官和军队是中央权威的主要代理人，他们不仅负责与当地的市政委员们打交道。随着4世纪的发展，他们不仅与罗马民众越来越格格不入，还成了罗马民众的威胁。依靠税收官和军队而得以运转的官僚机器也被彻底改造和扩大。戴克里先统治时期，民事和军事混合管理的古老方式被严格区分两者的管理方式取代。为了减少地方统治者进行有效分裂行动的可能，行省的数量增加了，并且被合并成若干个大行省（称作行政区），由民事官员负责管理。

为了更好地应对帝国境内出现的紧急情况，军队也被改组了。新创的两个军队建制取代了原先的军团体系。边防部队（limitanei）是帝国的第一道防线，他们驻扎在边境，用来确保一般情况下的帝国安全。这些军队更多地从边境的当地人口中招募成员。但是，边防部队的训练和装备都非常不足，所以，他们主要依靠边境线上的众多防御工事来抵御蛮族跨过莱茵河或多瑙河的侵扰。一旦边境部队被击溃，驻扎在边境线后方的精锐野战部队（comitatenses）就会凭借很高的机动性被快速调遣至事发地。

这些行政和军事改革创造了一个更加有效的帝国制度，同时也对帝国的社会变革产生了重要影响。尤其是，军队的改组将最具罗马特征的机构改造成了一个区域化和蛮族化的强大机制。驻扎在边境的军队，也就是边防部队，变成了一种地方军，因为他们主要由来自当地的新兵组成，而他们当中的大部分都是士兵的儿子。这些士兵是帝国人口中被罗马化最少的人，所以边境的卫戍部队与他们本应抵御的蛮族逐渐变得不可区分了。

野战部队中也有了越来越多从帝国之外招募的蛮族。在帝国东部，来自下多瑙河大草原的很多哥特人专业骑手组成了野战部队的联合部队。在帝国的某些地区，“哥特人”甚至是“士兵”的同义词。在帝国西部，下莱茵河的蛮族，也就是法兰克人，受到提拔，占据了军队中的某些重要职位。罗马化最重要的媒介从本质上变得蛮族化了。

在行政和军事机构的组织结构及职能发生重大变革的同时，君士坦丁皇帝皈依基督教的举措引发了文化认同的深层变化。面对3世纪各种离心力对帝国的危害，为了保持宗教纽带对罗马社会的凝聚力，戴克里先对基督徒展开了暴力且系统性的迫害。迫害的主要原因有两个：第一，对上帝的信仰具有排他性；

第二，基督徒反对事实上成功地融合了其他所有宗教传统的古老仪式。在开始的几个世纪里，当基督徒还是帝国社会的边缘群体时，以上两点就已经不时地引发迫害行动了。然而，到3世纪中叶，基督教已经侵蚀到包括元老院、骑士团甚至皇室在内的罗马社会的上层了。这些人可能以基督教信仰为由拒绝为皇帝的守护神（genius）或灵魂献祭，这是不可被容忍的。

从某种意义上说，君士坦丁和他的继任者们并不反对这样一条推理的线索。他们只是把这一线索颠倒过来为自己所用罢了。君士坦丁皇帝之所以给基督教合法地位并支持其发展，是因为他想利用基督教的活力来为帝国服务。他的继任者们则有过之而无不及：到4世纪末，他们用基督教代替了传统的罗马宗教，并像前任禁止基督教一样彻底禁止其他宗教。

但是，这样的解决方式却带来了和他们试图解决的问题同样严重的后果。既然基督教变成了国教，那么，人们必然要对基督教信仰（Christianitas）与罗马性之间的关系提出疑问。既然生活在帝国境内的人并不都是基督徒，那么不信基督教的人是不是一个完全的罗马人？此外，基督徒内部并非团结一致。这对传统的多神教信仰而言不是什么大问题，但是，基督教绝对的排他性却要求完全的一致性。不仅如此，排他性还排除了不同教会和派别之间相互妥协的可能性，因为所有派别都坚信自己才是正统信仰的唯一道路。最后，由于3世纪晚期前形成了信奉基督教的蛮族和信奉其他宗教的罗马人两个群体，所以，同时具有罗马性和基督教信仰的身份不断增强，导致了一个进退两难的困境。帝国对基督教的皈依有导致人口更加地区化和碎片化的风险。

但是，正当人们争论这些问题时，一个更加严重的危机摆在了罗马人和他们的蛮族邻居的面前——匈人来了。

第四章

新蛮族与新罗马人

在第三章中，我们概述了罗马世界与蛮族世界之间以及它们内部的政治分歧和宗教冲突。但是，匈人的到来让这些问题突然变得无足轻重了。375年，匈人生活在黑海地区，是在中亚权力领导下的草原游牧联盟。罗马人和与罗马相邻的蛮族都从未见过这样的群体。从外貌到游牧的生活方式，再到作战方式，匈人的一切对旧世界而言都陌生而令人恐惧。尽管匈人作为一个独特的族群只存在了一个多世纪，但是，他们的到来引起了重大的变化，甚至促成了罗马帝国西部地区众多蛮族王国的建立。由此产生了一个戏剧性的变化：处于统治地位的蛮族和作为臣服者的罗马人都认识到了自身地位的改变。

4至5世纪间，一系列的草原联盟大迁徙威胁着中国和欧洲的安全，匈人联盟是第一个对二者都造成威胁的草原联盟。匈人的数量比西部蛮族族群的数量多，他们能在卡里斯玛式首领的领导下，以一小撮战士为核心，迅速发展起来，并通过吸收战败的游牧士兵实现爆炸性扩张。一份后来的突厥语文献描述了匈人扩张的过程：

> 我的父亲，伟大的可汗，要带领十七位战士出征。听到他要带兵离开的消息，城里人越过了山峰，山里人走下了山坡；父王的队伍因此增加到七十人。由于获得了天堂赐予的力量，我父王的战士们像狼一样勇猛，而他们的敌人则像绵羊一样软弱。在进进退退的战役中，父王聚集起了更多的勇士，他们的数量达到了七百人。此后，失去了自己家园和可汗的人们、已经被卖作奴隶和仆人的人们，以及那些失去了突厥人组织的人们都由我的父王依照祖先的惯例进行统治。[1]

这一描述抓住了游牧联盟，如匈人和后来的蒙古人，得以如此迅速出现，并成长为一股重要力量的本质。在取得一系列胜利之后，一位士兵首领就会吸引来其他战士。一伙士兵就变成了一支军队。只有不断征服并吸收战败者，这支队伍才能长久地延续下去。征服和同化还增加了队伍里普通士兵的数量。然后，在某个关键时刻，这支队伍会利用法律和组织机构转变成一个族群，还可能宣称自己具有某种特殊的神圣性。尽管以上这些要素可能都是新创造出来的，但是它们却假装是某个古老传统的复辟，并借此获得合法性。

由于游牧联盟作战的范围非常广，真正的集权总是昙花一现：快速移动和变化的帝国会被分为若干部分，由男性亲属和他们亲密的支持者共享管理权。除了阿提拉（444—453年在位）统治的短暂时期，匈人从来没有成为一个统一的集权化的群体。恰恰相反，他们虽然拥有共同的游牧文化、利用骑兵突袭的军事传统和可以将被征服族群吸纳进自己联盟的能力，但是，他们是相互独立的士兵群体。他们取得的惊人军事胜利要归功于以下三个方面：第一，卓越的骑兵战术；第二，由于熟练运用双反曲短弓，他们能够在骑马时精准地进行齐射；第三，利用西亚和中欧大草原及平原的地形，他们能在毫无预警的情况下出现，给敌人造成巨大损失，然后又和来时一样，急速地消失在草原上。

在一代人的时间里，这些由游牧士兵组成的群体摧毁了他们在帝国边境上遇到的其他蛮族联盟。首先是东哥特人王国或者说格鲁森尼人的王国，接着是更西面的瑟文吉哥特人联盟。随着哥特人领导权威的毁灭，先前组成哥特人联盟的各个群体只有两个选择：要么加入匈人，要么请求罗马皇帝让他们进入帝国境内定居。大多数人选择或者说被迫选择了加入匈人。

匈人联盟

对被匈人击败的大多数哥特人而言，进入匈人联盟是他们失败之后显而易见的结果。虽然第一代的匈人军队是由来自中亚的士兵核心所领导，但是，那些被匈人征服的其他族群并不需要放弃自己的身份就能轻松地被匈人联盟接受。这一貌似自相矛盾的现象对理解大迁徙时期欧洲族群身份的脆弱性和适应力非常重要。好的战士，无论他是哥特人、汪达尔人、法兰克人还是有着罗马人血统的人，都可以在匈人建立的等级中得到快速晋升。即使在核心领导层中，多族群现象也很明显。虽然艾蒂卡（Edika）是匈人的首领，但实际上他既是匈人也是斯基里安人（Skirian）。匈人帝国瓦解后，他统治了短暂存在于黑海北部的斯基里安人王国。被誉为最伟大的匈人领袖的阿提拉实际上取了一个哥特人的名字（或者说称号）：在哥特语中，阿提拉是“爸爸”的意思。在阿提拉的宫廷里，除了匈语，还可以听到哥特语、希腊语和拉丁语。他的顾问不仅包括众多蛮族首领甚至还包括曾经的罗马人。在5世纪的一段时间里，潘诺尼亚贵族俄瑞斯忒斯（Orestes），也就是西罗马帝国最后一任皇帝罗慕路斯·奥古斯都（Romulus Augustulus）的父亲，曾担任匈人国王的顾问。有一个著名的传闻，东罗马帝国曾派使臣普利斯库斯出访阿提拉的宫廷，他提到自己曾与一位前希腊商人会面：这位希腊商人被匈人俘虏，但是，他在一次战役中声名鹊起，因而获得了自由，接着，他娶了一位匈人妇女作妻子，最后，他在阿提拉的核心集团里获得了一个尊贵的地位。[2]

但是，并不是每一个被匈人征服的人都可以完全被同化。同化只发生在杰出的战士身上。除此之外，匈人的军事精英还需要有利用价值的民众为他们提供食物，补充军队中普通士兵的数量。哥特人和其他一些族群就承担了这样的角色。一旦他们被完全同化进匈人社会，利用价值反而会下降。因此，匈人虽然看似严重摧毁了那些被他们征服的族群的政治组织，并允许一些被俘虏的个人“成为匈人”，却保留了一些当地首领，让他们来管理被征服的民众。这些当地首领用效忠匈人的誓言换取个人和群体的存活。从此之后，这些有利用价值的群体单位就成了联盟的一部分，匈人不仅依靠他们为军队服役还从他们那里获取自己无法生产的必需品。

然而，这样的安排并不总是按照匈人的计划运转。5世纪60年代，在阿提拉之子邓吉西克（Dengizich）发动战争期间，匈人队伍中的罗马人士兵发动了一次针对这种安排的暴乱。我们可以在普利斯库斯的记录中找到关于这次暴乱的记录。一位匈人指挥官曾提醒军队中的哥特人首领，匈人“根本不关心农业，只是像狼一样损害并偷窃哥特人的食物，让哥特人处于仆从地位，饱受食物短缺的困难”[3]。这样的待遇留在了哥特人的记忆中，并刺激他们反抗和杀害匈人。

因此，尽管一些被征服的群体在一段时间后完全丧失了自我认同，但罗马人却注意到了一个贯穿匈人历史的趋势——总有个人、小群体或大群体想要断绝与匈人的联系，并试图逃进罗马帝国的领土寻求安全。这些试图逃离的群体不全都是整个的“族群”，甚至不一定是匈人征服的受害者。这些群体里有小团体、个人甚至一些与首领决裂的匈人。这样的人口流失威胁到了匈人的统治，阿提拉常常要求所有的条约中必须有遣返逃离者的条款，这是匈人人口严重流失的一个证据。那些被遣返群体的首领们会被钉十字架或木桩，而结局必定是死亡。

为了使这个成分复杂的匈人联盟保持团结，它的首领们需要一个持续的财富来源。劫掠帝国或替皇帝攻打其他敌人换取年金是匈人联盟最主要的财富来源。起初，匈人在罗马帝国的伊利里亚和色雷斯（Thrace）边境劫掠大量战利品。但是，通过劫掠获取财物只是个开始，因为，为了阻止他们进一步入侵帝国，罗马皇帝不得不向匈人指挥官交纳一定的年金。因此，我们可以清楚地看到，带领军队取得胜利是匈人首领赖以生存的必备技能。

在匈人联盟最初的几十年里，联盟的领导权由同一个王室家庭里的成员们共享。但是，在匈人的伟业开始衰退之后，阿提拉于444年消灭了他的兄长布列达（Bleda），并将匈人统一在自己的领导之下。阿提拉统治时期，狄奥多西二世（Theodosius II）皇帝向匈人交纳的年金数额从三百五十磅黄金上涨到七百磅黄金，最终达到了两千一百磅黄金。这样数量的黄金对蛮族来说相当庞大，但并不会给帝国造成毁灭性的伤害。狄奥多西二世皇帝显然发现，向阿提拉支付年金要比供养一支部队用来抵抗匈人的劫掠更加划算。不仅如此，无论帝国内外，一旦有需要，匈人还被证明是可靠的同盟者。

450年，狄奥多西二世皇帝驾崩，他的继任者马尔西安（Marcian）皇帝拒绝继续履行与匈人达成的优惠待遇。少了这项收入，阿提拉明显意识到，匈人太虚弱了，不能再通过劫掠东罗马帝国获取足够的财物了，所以，他将注意力转向了瓦伦提尼安三世（Valentinian III）皇帝统治下的西罗马帝国。阿提拉亲自带兵，一共向西部发动了两次进攻。第一次进攻发生在451年，他长驱直入，到达高卢地区，直到被发生在特鲁瓦（Troyes）和马恩河畔沙隆（Châlons-sur-Marne）之间的卡塔隆平原战役（battle of the Catalaunian Plains）阻住了去路。阿提拉的军队主要由臣服的日耳曼人组成，他们来自阿提拉控制下的西部地区，包括苏维汇人、法兰克人和勃艮第人，此外，还有格皮德人、哥特人和中亚匈人的后代。而阻挡了阿提拉进攻的军队也同样有着复杂的构成，它包括哥特人、法兰克人、不列吞人、萨尔马提亚人、勃艮第人、撒克逊人、奄蔡人和由罗马贵族埃提乌斯（Aetius）领导的罗马人。埃提乌斯曾经是匈人的老朋友和前盟友。对不知情的人而言，这两支军队很可能实际上是难以区分的。

阿提拉的第二次进攻发生在卡塔隆平原战役的第二年，他带领另一支军队进入意大利。为保持匈人的优势，这次出征仍然以抢劫为目的，并没有长久的政治诉求。军队抵达维罗那（Verona）附近时，由于远离了熟悉的地域并受到疾病的困扰，实力大减，不得不折返。此后不久，匈人就开始向草原撤退了。

虽然匈人的撤退被认为是教宗利奥一世（Pope Leo I）的功劳，但事实上匈人很有可能早就有了撤退的打算。

匈人帝国本质上是脆弱的，阿提拉一死，他的帝国很快就分崩离析的事实证明了这一点。以军事胜利为基础的草原帝国无法经受失败。由格皮德人阿尔达里克（Ardaric）领导的分离主义联盟起兵反叛阿提拉的儿子们，并最终获得胜利。阿提拉儿子们的失败导致旧联盟瓦解，开启了新的族群演化过程。除了格皮德人联盟，在新的族群演化过程中还诞生了鲁基人（Rugii）、西里人（Skiri）和多瑙河沿岸的萨尔马提亚人。而东哥特人则将格鲁森尼人的残部聚集起来，以同盟者的身份服务于罗马。阿提拉的一些子孙继续统领着分散的群体，一些似乎返回了俄罗斯南部，而另一些则开始服务于罗马，并融入罗马的军事贵族阶层。经过几个世代，他们以及他们的跟随者都变成了东哥特人、格皮德人或者保加尔人。

帝国内部蛮族的族群演化

躲过了匈人375年那次进攻的蛮族面临着不同的命运。大部分格鲁森尼人和奄蔡人被纳入新的匈人联盟，他们中的一小部分和一些逃跑的匈人则逃往帝国的边境。大多数瑟文吉人抛弃了阿萨纳里克的领导，与菲列迪根一起跨过多瑙河逃向帝国的边境。瑟文吉人进入帝国后，菲列迪根追随者们的身份认同开始发生决定性的转变。从罗马的角度来看，他们只不过是投降者，是战败的敌人，他们必须服从罗马军官的管辖。他们被安置在色雷斯，从事农业生产，养活自己的同时，还要为军队提供补给。然而，事实上，无论从数量上看还是从质量上看，寻求庇护的瑟文吉人的情况与之前投降者的情况都截然不同。第一，由于这些哥特人的数量远远超过了之前被允许进入帝国的蛮族群体，所以，面对他们，罗马的管理能力捉襟见肘。第二，罗马人并没有按照通常的做法强迫他们放弃武装。因此，当罗马人的虐待以及哥特人面临的饥饿将这些寻求庇护的人推向武装反抗时，哥特人取得了一系列胜利。寻求庇护的格鲁森尼人骑兵、奄蔡人骑兵和匈人骑兵很快加入瑟文吉人，此外，还有罗马军队中的哥特人小分队、色雷斯矿工、蛮族奴隶和穷人。378年，帝国军队被歼灭，瓦伦斯皇帝在阿德里安堡（Adrianople）去世，哥特人的胜利达到了顶点。

阿德里安堡战役之后，罗马不再将哥特人视作战败者和被征服者。在382年达成的条约中，罗马人承认了哥特人同盟者的身份，允许他们在多瑙河与巴尔干之间的山脉定居，并拥有自己的统治者。这实际上创造出了一个国中之国。本来用作军资的税收被用来供养蛮族了。作为回报，蛮族则必须为帝国提供军事支持，不过，他们要由隶属罗马将军的蛮族指挥官领导。

与此同时，瑟文吉人及其盟友取得的前所未有的胜利还引发了一个重要的转变：这些由寻求庇护的人组成的分散的团体形成了一个以新的文化和政治认同为基础的新族群——西哥特人。迅速适应格鲁森尼人、奄蔡人和匈人攻打瓦伦斯皇帝时使用的强大骑兵战术之后，西哥特人将自己转变成了一支具有高度机动性和草原传统的骑兵部队。

菲列迪根和他的大部分追随者早年已经皈依阿里乌斯派，尽管这很有可能只是他当初想要博得瓦伦斯皇帝欢心而做出的选择。但是，阿德里安堡战役之后，阿里乌斯派信仰变成了西哥特人自我认同的组成部分，它将这一新近形成的族群与帝国内大部分的正统基督徒区分开来。

对第二代西哥特人而言，他们尽力维持自己既是哥特人联盟又是罗马军队的双重地位。他们的国王亚拉里克宣称自己是巴尔斯王室宗亲。作为哥特人联盟的领导者和服务于帝国的高级将领（magister militum），他实际上同时掌握了统辖范围内民事和军事官僚体制的指挥权，并以此作为资本寻求赏识和报偿。为了实现这两个目标，他交替服务于东、西罗马帝国的皇帝们以及帝国内的蛮族将领们，协助他们互相攻打对方。

亚拉里克一直坚持自己的双重身份，这与帝国西部的另一位老式蛮族将领斯提里克（Stilicho）截然不同。斯提里克不仅是西部最高的军事指挥，还断断续续地成为亚拉里克的长官、盟友和仇恨的敌人。斯提里克出身于汪达尔人，但是，他与之前那些出身于信仰异教的法兰克人和阿勒曼尼人的帝国将领一样，已经放弃了与出身族群的联系。他是罗马公民，信仰正统基督教，并完全按照罗马传统行事。一方面作为霍诺留（Honorius）皇帝的监护人和后来的岳父，另一方面作为帝国的蛮族同盟者——和亚拉里克一样，斯提里克一会儿效忠于皇室一会儿又操纵皇室。一旦斯提里克无法继续保持莱茵河与多瑙河边界以内帝国土地的完整，他的命运就注定不幸了。406年的最后一天，成群的汪达尔人、苏维汇人和奄蔡人横渡上莱茵河，劫掠高卢地区，并长驱直入抵达西班牙。几乎同时，避开了匈人的哥特人从潘诺尼亚入侵意大利。尽管斯提里克最终成功击败入侵的哥特人，但是这两个同时发生的灾难却让他的敌人占到了便宜。408年，霍诺留皇帝下令罢免并处决斯提里克。他死后，生活在意大利的数以千计已经被同化的蛮族遭到了屠杀。到5世纪初时，罗马人的政治身份和公民身份都已经不足以确保蛮族在西罗马帝国的政治斗争中幸存下来。

意大利幸存下来的蛮族团结在了亚拉里克的身后。亚拉里克既是蛮族国王又是罗马军官的双重身份提供了一个更加有利的、终于可以长期保持的身份的典型。为了赢得赏识和报偿来供养他的追随者，亚拉里克于408年入侵意大利。数次佯攻之后，拙劣的谈判导致了410年8月24日至26日亚拉里克军队对罗马的劫掠。这一事件震惊了整个罗马帝国。此后，亚拉里克试图带领他的追随者去非洲肥沃的土地上定居。虽然这次尝试以失败告终，而他也在意大利南部去世，但是，他已经建立起一种包含了蛮族和罗马人的可以长期存在的政治实体的模式。

亚拉里克的继任者是他的妹夫阿陶尔夫（Athaulf），他带领哥特人离开意大利，进入高卢地区。阿陶尔夫和其他蛮族将领一样，渴望被罗马帝国的精英阶层接纳，并融入其中。414年，阿陶尔夫在纳博讷（Narbonne）娶加拉·普拉西提阿（Galla Placidia）为妻，她是霍诺留皇帝的妹妹，曾被作为人质扣留在罗马。阿陶尔夫希望能以此为契机，进入狄奥多西皇室。在接下来的一个世纪里，通过婚姻（甚至是通过毫不掩饰的强奸）获取政治利益进而进入皇室的妄想反复出现：凭借与瓦伦提尼安三世的姐姐霍诺里亚（Honoria）的婚姻，阿提拉宣称自己拥有帝位的继承权；冒充汪达尔人的胡里内克（Huneric）将瓦伦提尼安三世的女儿欧多西亚（Eudocia）作为人质，并与其结婚，也希望以此取得帝位的继承权。但是，这些企图既没能实现与罗马帝国达成和平的目标，也没能实现取得与罗马帝国平等地位的愿望。毕竟，罗马帝国不同于蛮族国王的军队，是不可以被继承的。

阿陶尔夫遇刺而终。他的继承者们先是想要返回意大利，后来又想去北非，徒劳无望之后，他们与罗马帝国达成一项新的协议，协议要求他们清剿西班牙行省的反叛者以及汪达尔人和奄蔡人。西哥特人418年返回图卢兹（Toulouse）之后，开始建设政治和社会机构，它们不仅成为西哥特人王国的特征，还成了帝国的蛮族同盟者们，尤其是勃艮第人和东哥特人建立的王国的特征。

尽管蛮族族群的起源各不相同，但他们在庞大的罗马人口中组成了一个小而强大的军事少数群体。作为骑兵，他们倾向于驻扎在他们领地上具有战略意义的边境地区或政治首都。帝国从原先收归国库的传统税收中划拨出一部分，用于支付蛮族军队的开销，这一做法不仅减少了蛮族占领给罗马土地贵族造成的负担，还让这些职业士兵全心为军队服务。收税和分配税款的权力仍在市政官员，也就是 curiales① 的手中，这同样减轻了垄断市政职位的土地贵族们的负担。至少，418 年对西哥特人军队的安排、443 年对勃艮第人军队的安排以及 5 世纪 90 年代对东哥特人军队做出的安排都是这样。其他情况下，分配给蛮族的税额不再由帝国官员征收，而由蛮族自行征收，比如 440 年开始驻扎在瓦朗斯（Valence）的一群奄蔡人就获得了这样的待遇。有了这些税金，蛮族国王们不用将其追随者派遣到农村监督种植园的经营，就可以供养他们了。

按照亚拉里克的传统，蛮族国王们不仅是他们军队的指挥官，同时还是罗马帝国的高级官员——军队的高级将领、贵族（patricius），等等。他们在自己的领地上对民事管理体系行使至高无上的权威，有效地管理着罗马体制的两大基础。这两大基础从戴克里先时期起曾是相互分离的，现在却被蛮族国王一手掌控。

---

① 拉丁语，古罗马外省的市政委员会成员。

对焦躁的外省罗马人地主们来说，蛮族的出现是一件喜忧参半的事情。与外省的常备军相比，蛮族军队的花销更少，看起来对农业的破坏性也更小。而且，与罗马指挥官相比，蛮族指挥官可能更加关注当地利益，更愿意与地方贵族达成妥协。

5世纪和6世纪罗马帝国中的外省人

我们已经看到，早在3世纪时，西罗马帝国的外省贵族们就已经打算将本地的利益凌驾于帝国统一体的短暂理想之上了。在4世纪和5世纪里，这种趋势越来越明显。在上层社会中，一种与古老的前罗马时代相联系的情感被重新发现，或者可以说被发明了出来，它作为地区认同的一个源泉，被富有的外省贵族所知晓。与此同时，在处于社会底层的农民中，绝望的人们为了生存已经做好成为反叛者或成为蛮族的准备。

从4世纪到6世纪初，高卢地区的文学作品已经在非常明显地培养人们对外省的认同了。外省人，例如奥索尼乌斯（Ausonius，约310—395）和希多尼乌斯（Sidonius，约430—484），在信件和诗歌中对自己的城市表达出了强烈的感情，他们对罗马，甚至是对高卢，都没有这样的感情。[4]奥索尼乌斯是波尔多（Bordeaux）一位医生的儿子，虽然曾担任后来的格拉提安皇帝的家庭教师，并最终被提拔到了执政官的地位，他却为自己所热爱的波尔多大唱赞歌；希多尼乌斯作为一位来自里昂（Lyon）的贵族，则将感情投注在了奥维涅地区（Auvergne）。尽管法国的民族主义史家对“高卢”一词情有独钟，但纵观此时的高卢地区，人们表达故乡之情的对象既不是罗马，甚至也不是虚构出来的“高卢”。相反，他们只关注马赛（Marseille）、纳博讷、特里尔（Trier）、里昂或其他一些城市。这些贵族不一定是在与罗马的冲突中才形成了地区身份认同。用奥索尼乌斯的话来说：

> 波尔多是我的故乡，但罗马却高于故乡。我热爱波尔多，却崇拜罗马；对罗马而言我是一位公民，对这两者共同而言，我是一名执政官；波尔多有我的摇篮，罗马有我执政官的座椅。[5]

像一名战士可以既是法兰克人也是罗马人一样，一位执政官可以既是波尔多人也是罗马人。虽然这两种身份并不相互排斥，但环境可以让一种身份胜过另一种身份。

受过教育的诗人们不仅赞颂自己的家乡、自己的城市，还开始再一次使用凯撒征服高卢时占有此地的部落在前罗马时期的名字。有人认为，这一现象是人们在三百年后仍对前罗马时期部落抱有残存情感的有力证据。但这几乎是不可能的。这一现象更像是一种故意的文字仿古，一种对古老传统的浪漫追求。虽然奥索尼乌斯宣称他的外祖父来自阿杜阿部落（gens Haedua）[6]，他的外祖母是塔培里人（Tarbellian），他甚至还说自己来自维维斯古安人（Viviscuan）部落，但是，与其说这是高卢部落意识延存下来的证据，不如说是仿古式地区主义的证据。

在接下来的一个世纪里，地区主义继续壮大。古代晚期出现了一张名单，上面是那时候的人们使用过的别号，这些别号都源自部落名称的事实恰好证明了地区主义的发展。[7]在这么多别号中，我们发现了源自阿洛布罗基部落（Allobroges）的“阿洛布罗基希努斯”（Allobrogicinus）、源自阿维尔尼部落（Arverni）的“阿维尔尼乌斯”（Arvernicus）、源自莫里尼部落（Morini）的“莫里努斯”（Morinus）、源自雷米部落（Remi）的“雷穆斯”（Remus），以及源自特雷维里部落（Treveri）的“特雷维”（Trever）。不仅如此，在方言中，人们还用部落名称称呼那些在原先部落所在地建立起来的罗马城市。因此，Lutectia Parisiorum①在方言中的称呼并不是卢泰西（Lutèce），而是巴里西（Paris，也就是巴黎）。

不管人们多么刻意地表达对前罗马时代部落身份的怀念，用文字对古老历史表达出的眷恋却非常真实地证明了一种正在高涨的地区主义。重要的是，这种地区主义故意将精致的贵族气派等同于各种“部落的”（我们也可以说是“蛮族的”）特点，就是那些传统上由希腊－罗马时期民族志作家们错误地归于蛮族的特点。奥索尼乌斯说，他的母亲是“混血”（sanguine mixto），因为她的父母来自不同的部落。希多尼乌斯对一个名

① 拉丁语，意为“巴里西人的卢泰西亚”。

叫卢普斯（Lupus）的人的血统进行了如下分析：从他父亲的血统来看，他是尼几阿布及斯人（Nitiobroges）的后代，从他母亲的血统来看，他是维森尼基人（Vesunnici）的后代。[8]由于一个人的身份认同依赖于本地城市，所以，罗马行政体制对身份认同的影响远不及前罗马时期部落或蛮族传统产生的影响。既然人们可以用部落的传统对外省贵族做出这样的分类和分析，那么，也就可以将他们与正逐渐控制政治和军事舞台的蛮族视作一样了。

处于社会等级另一端的奴隶、被释放的奴隶、佃农以及小土地所有者们也在尝试新的身份。几乎没有证据显示他们借助前罗马时期的部落祖先与本地土地贵族们建立起了统一的情感，本地土地贵族们迷恋于自己认定的部落起源。相反，他们不是向罗马世界普遍存在的传统土匪寻求庇护，就是向蛮族军队寻求庇护。

5世纪时，成群结队的巴高达（bagaudae）在南高卢和西班牙地区对罗马行政和财政运转造成了威胁。“巴高达”可能起源于凯尔特语“战争”一词，从3世纪开始就被用来称呼乡村的反叛者。然而，与之前的土匪不同，5世纪的巴高达包括了一群典型的被帝国压迫或抛弃的外省人，他们将仇恨的矛头对准了税收代理人和大地主。和蛮族军队一样，巴高达游荡在乡村地区。罗马军队不在时，他们有时联合起来抵御蛮族对自己家乡的侵袭，有时则协助蛮族军队围攻城市：他们对精英阶层产生了极大的威胁。有据可查，5世纪初，阿莫里卡（Amorica）地区的巴高达先是驱逐了蛮族入侵者，接着又驱赶了罗马的执政官。直到417年，这一地区才获得平静。[9]

逐渐地，巴高达的领导者也感到了他们的可怕，因此，巴高达没有建立起可以长久发展的独立的政治和团体身份。他们毫无例外地遭到了帝国政府的镇压，而这一切常常是在帝国的蛮族同盟者的协助下完成的。这样一来，帝国的蛮族同盟者不仅保卫了帝国边境免遭外来入侵，还使其免于内部的叛乱。西哥特人洗劫罗马后不久就被派往高卢南部镇压巴高达叛乱了。到5世纪30年代时，卢瓦河以南的巴高达叛乱则由被帝国派遣的匈人镇压。

与帝国官员们相比，蛮族并没有对外省的巴高达起义表现出更多宽容。毕竟，帝国的蛮族同盟者们也要依靠常规税收来维持自己的开销。通常情况下，蛮族会与帝国官员以及受到起义威胁的行省的元老院贵族们达成合作。然而，蛮族军队仍然是不稳定的战士群体，因此，他们和叛军队伍一样强烈地吸引着不满和绝望的外省人。某些人甚至明目张胆地首鼠两端，一会儿在巴高达群体里，一会儿在蛮族群体里，伺机利用他们的困境。根据5世纪的一部编年史记载，物理学家优多可苏斯(Eudoxius)起先加入巴高达，后来又加入匈人。[10]5世纪中叶时，基督教伦理作家萨尔维安（Salvian）提出，对西班牙和高卢地区的外省普通居民而言，与认同帝国身份相比，认同蛮族身份可以带来更多的安全：

> 他们（贫穷的罗马人）在蛮族中寻找罗马的人道主义，因为他们无法忍受罗马人中惨无人道的野蛮……所以，他们要么投奔哥特人，要么投奔巴高达，要么投奔无论何处的有权势的其他蛮族……因此，罗马公民，这一曾经受到高度尊重甚至被人们以高价追求的称呼，现在却让人们拒绝和回避。[11]

因此，当罗马行省里的精英们正在培养一种与早已消失的高卢部落相联系的身份时，行省里的民众，因为感到自己处于被帝国抛弃和被贵族剥削的夹缝中，所以在蛮族入侵者和帝国的蛮族同盟者中寻找新的身份。没有任何一个群体简单地认为，成为罗马人是特别有用的。

新土地和新身份

蛮族军队在帝国西部安定下来后，给西部的社会身份和族群身份都带来了更加深入的变化。一个不断行进的蛮族群体是一支松散的军队，随时准备吸纳来自各种背景的士兵；但是，一个蛮族王国就是另一回事了，它会设法在自己与当地的大部分人口之间划分出界限。一旦蛮族国王在先前罗马帝国的行省里确立了地位，他们就开始尝试用共同的法律和共同的身份将军队中文化相异的成员变成一个统一的族群。同时，他们还试图与王国里的大部分罗马人居民保持一定的距离，而不是将其招募为成员。

他们提供的“族群”身份是从模糊的家族传统中提取的，这些家族传统已经被他们所处的新形势改造和重新解读过了。而且，这些新王国的成功的统治者们还宣称自己是古老王室和贵族的杰出后裔。不管这些说法是否合理，也不管这些家族历史上是否真的领导过大规模的蛮族军队，这都被认为是真的。对西哥特人来说，巴尔斯家族提供了这个传统的核心；对汪达尔人来说，海斯汀（Hastings）家族扮演了这个角色；对东哥特人来说，阿马尔家族起到了这个作用。杰出的国王们，一方面将想象出来的家族历史投射到整个族群身上，为整个军事精英阶层提供一个共同的血统认同，另一方面则禁止关于合法权威的其他言论。

蛮族国王很少利用宗教来构建共同的身份认同。由于哥特人的王族、汪达尔人的王族、勃艮第人的王族以及其他族群的王族几乎都信奉阿里乌斯派，所以，这个基督教信仰的异端派别与国王及其追随者紧密地联系在了一起。阿里乌斯派既不劝诱人们改宗，也不迫害其他教派的信徒。为了宗教活动，阿里乌斯派信徒至多要求有多一些教堂可供他们使用。除此之外，正统的基督教既没有被禁止，也没有被迫害。北非的汪达尔人王国曾是一个例外，但是，即使在那里，对正统教会的迫害以及对它们财产的没收似乎更多由征用土地和镇压政治仇敌引起，与教义的分歧没有太大关系。

蛮族国王们还利用法律传统为追随者构建新的身份。我们对蛮族法典的起源一无所知。我们所知最早的蛮族法典是尤里克（Euric）国王大约在470至480年间颁布的西哥特人法典。虽然蛮族法典总体上看起来与罗马法律截然不同，在赎罪金制度（wergeld）、对誓言的使用以及正式的口头审理方面都存在差异；但是，这些蛮族传统也许与5世纪前帝国西部大部分本土平民法的法律实践没多大区别。这些法律试图勾画出蛮族和罗马人的权利与义务。它们是属地法律，想要同等地适用于蛮族和罗马人，不过，要是蛮族军队驻扎地仍然存在其他罗马平民法的传统，它们也并不与其排斥。

为了在王国内部创造出新的持久的族群身份和政治身份，国王们做了许多工作，并取得了不同程度的成功。在汪达尔人的非洲，蛮族军队和政治少数派是一派，而罗马居民是另一派，这两派之间一直存在非常尖锐的分歧。与帝国境内的大部分蛮族不同，汪达尔人在既未与帝国结成同盟也并未因同盟者地位而获益的前提下创建了王国，大范围地没收土地。没收土地不仅导致土地贵族对汪达尔人长久的怨恨，也引起了非洲正统基督教教会的仇恨，非洲正统基督教教会在反对多纳图派（Donatist）分裂者的几十年中发展出了激进主义的政治传统。许多土地贵族不是主动逃跑就是被驱逐了。正统基督教教会的主教们也是如此，他们直到6世纪20年代才返回原来的领地。

虽然汪达尔人国王最终得到了帝国的认可，但是，直到那时，他们的统治依然很脆弱。汪达尔人被境内的其他居民仇恨和孤立，因此，当查士丁尼皇帝533年派遣军队入侵北非时，汪达尔人出乎意料地被轻易征服了。两场决定性的战役就瓦解了汪达尔人的王国，幸存的汪达尔人被驱逐出境，零散地融入东地中海地区众多的帝国蛮族同盟军。不到十年，汪达尔人就彻底消失了。

5世纪90年代，“伟大的”狄奥多里克（Theodoric the Great）在意大利建立东哥特人王国，王国起初表现出很好的前景，但最终还是因为拜占庭的收复行动而垮台了。东哥特人是日耳曼人的一支，他们借着匈人帝国瓦解的时机崭露头角，与东罗马帝国保持时而联盟时而对立的关系。484年，狄奥多里克宣称自己是前匈人王室阿马尔家族的后裔，并将许多匈人团结在自己的麾下。四年之后，狄奥多里克在芝诺（Zeno）皇帝的授意下，带领一支由多个族群组成的军队入侵意大利，攻打自称是意大利主人的蛮族将领奥多亚塞（Odovacer）。奥多亚塞是一位老式的罗马蛮族将领，也就是说，他像一位没有臣民的国王。奥多亚塞和之前的斯提里克一样，统辖着意大利，掌握了一支由罗马常规军残部和蛮族同盟者组成的军队。他与狄奥多里克及其领导的哥特人无法匹敌。493年，狄奥多里克控制意大利半岛，消灭了奥多亚塞，还接管了罗马的税收和行政体系。

狄奥多里克试图将人员构成复杂、灵活机动的蛮族军队改造成一个稳定的、定居的、能在属于罗马人的意大利与罗马人和平共处的哥特人族群。他希望追随他的哥特人能拥有“公民性”（civilitas）。也就是说，他需要说服他们接受罗马依法治国的原则、兼容并包的传统和公民社会里的共识原则，并且用哥特人军队的勇武之气对其加以保护。不过，狄奥多里克不打算改变哥特人和罗马人是两个不同社会群体的现状—— 一个是军事的，另一个是民事的。他想让这两个群体相互独立地生活，但都服从于他的最高权威。因此，狄奥多里克执行了一种被称作“族群论”的思想体系（ethnographic ideology）。这个思想体系将士兵（哥特人）和平民（罗马人）区分开来，或者，差不多也可以说，把士兵和供养他们的纳税人区分开来。[12]根据这个思想体系，这两个“族部”（nationes）是同一个国家的人民（populus），他们不由武力统治，而由法律统治，通过互惠互利而联合在一起。

然而，狄奥多里克的统治是以哥特人的军事力量为基础的。虽然他得到了罗马管理者的忠心支持，甚至还得到了与奥多亚塞很亲近的顾问的支持，例如元老院成员卡西奥多罗斯（Cassiodorus），但是，和其他蛮族国王一样，他试图在统治中强化哥特人的因素，指派隶属国王个人的代表（或者伯爵，comites）对整个罗马官僚体系进行监督和干预。此外，他尊阿里乌斯派教会为“哥特人的法定教会”，不过，他注意到了阿里乌斯派依然是个少数派的事实，所以，他禁止阿里乌斯派在信奉正统基督教的大多数人中传教。

在意大利内外，狄奥多里克都十分强调他统治中的哥特人因素，他是传奇的阿马尔王室后裔的言论对他越来越重要了。但是，这些言论的真实性，甚至这个家族曾经的丰功伟绩是否真实存在，都无法弄清楚了。尤其是在处理与其他蛮族的关系时，比如与勃艮第人、西哥特人、法兰克人和图林根人（Thuringians）的关系，为了培养团结一致的感情，狄奥多里克不强调公民性或罗马性，而强调不同王室家族通过共同的血统、婚姻联盟或收养关系形成的共同的血缘关系。不仅如此，他还声称，阿马尔血统的荣耀让他比其他次一级的国王更高贵。[13]随着狄奥多里克王权的加强，他在内部宣传中越来越频繁地借助阿马尔家族的传统，到他的孙子阿塔拉里克（Athalaric）统治时期，这种做法得到了进一步加强。

狄奥多里克试图以阿里乌斯派信仰和阿马尔王室血统为基础，促成哥特人族群的再一次演化，但是，这个尝试失败了。东哥特人战士和罗马平民之间的界限变得模糊不清，因为许多蛮族人成了和他们的罗马人邻居一样的土地所有者，这两者所关心的经济事务和地区事务变得一致了。第二代哥特人接受了罗马人传统的精英教育，他们对指定给他们的勇士文化反而疏远了。与此同时，军队中崛起了一些罗马人，他们接受了哥特人的传统，甚至还学习哥特人的语言，与哥特妇女通婚。举例来说，身为贵族的居普良（Cyprian）竟然用哥特人的方式来教育自己的孩子，让他们接受军事训练，甚至还让他们学习哥特人的语言。[14]在阿塔拉里克统治时期，如果涉案双方均为罗马人且达成共识的话，他们甚至有权在哥特人的法庭内接受审判：这个让人无法忍受的乱局是狄奥多里克统治时期发展出来的分化原则造成的。[15]

为了对抗哥特人特性日渐模糊的趋势，军队中兴起了一股反罗马人的势力，他们对许多士兵快速罗马化的现状感到担忧。紧张的局势在狄奥多里克死后迅速加剧，更在535年狄奥多里克之女阿玛拉逊莎（Amalasuntha）遇刺身亡后达到顶点。查士丁尼皇帝以阿玛拉逊莎之死为借口，拒绝承认狄奥多里克的外甥狄奥达德（Theodehad）继位为哥特人国王的合法性，并出兵入侵意大利。但是，此次入侵意大利和收复非洲的情况大为不同：罗马帝国通过两场战役就收复了非洲，但这场入侵意大利的战争却持续了近二十年，给意大利造成的破坏远超之前两个世纪多次蛮族入侵带来的破坏。不过，意大利东哥特人的命运却和北非汪达尔人的命运如出一辙。从此之后，东哥特人再也不是一个政治实体，他们彻底消失了。

但是，在查士丁尼收复运动造成的大屠杀中消失的不只是东哥特人。一些“罗马人”也消失了：他们属于元老院的重要家族，却配合狄奥多里克，尝试建立一个以罗马公民性和哥特人军队为基础的王国。罗马人的身份和哥特人的身份在他们身上早已变得错综复杂、不可分割，以至于查士丁尼军队的收复行动无论对哪种身份来说都是致命的：对来自君士坦丁堡的帝国军队来说，他们不是“罗马人”；对哥特人来说，他们不值得信任。在537年的罗马围城中，罗马人指挥官贝利撒留（Belasarius）一面背信弃义地与哥特人进行谈判，一面却毫无忌惮地废黜了罗马教宗西尔维留（Silverius）。贝利撒留驱逐了教宗和多名非常重要的元老院议员，其中包括弗拉维奥·马克西姆斯（Flavius Maximus），他是一位皇帝的后裔，但是因为娶了哥特人的公主而被驱逐。在此次围城过程中，哥特国王维蒂吉斯（Witigis）被强烈地激怒了，他处决了多名以俘虏身份被扣留在拉文纳（Ravenna）的元老院议员。[16] 552年，哥特人在塔吉纳战役（battle of Busta Gallorum）中遭遇重大失败，撤退途中，他们屠杀了沿路遇到的所有罗马人。特贾（Teja）国王还下令处决坎帕尼亚（Campania）元老院的所有成员，连被多疑的贝利撒留驱逐的弗拉维奥·马克西姆斯也未能幸免。不久之后，特贾又屠杀了早先被托提拉（Totila）俘获的三百名罗马儿童。[17] 无论对帝国而言，还是对哥特人而言，意大利古老的罗马贵族都不可信任，从此之后，他们再也没能成为一股重要的政治力量重新出现在意大利的舞台上。

在高卢，图卢兹的哥特人王国和勃艮第人王国遭遇了同样的命运。它们都以同盟者的身份继续为帝国服务。比如，它们都参加了击败阿提拉并导致匈人溃败的卡塔隆平原战役。此外，它们还趁帝国虚弱之机扩张自己的领土。最终，西哥特人的控制范围扩张到了北起卢瓦河，南至西班牙的地区，而勃艮第人则一直向东扩张，直到受到格皮德人的阻击为止。无论如何，西哥特人依然是一个信仰阿里乌斯派的少数群体，507年被法兰克人击溃之后，他们就在高卢消失了。勃艮第人很快失去了他们也许曾经拥有过的文化、宗教或家族身份。到6世纪时，“勃艮第”一词似乎只表示那些拥有原先分配给蛮族士兵的土地的人了。

北方蛮族的族群演化

西哥特人开创了一种蛮族政治体制，并且被汪达尔人和东哥特人广泛采用。这个政治体制主要有以下特点：建立并维持两个社会群体，一个是正统教会的、罗马人的、公民的社会群体，另一个是阿里乌斯派的、蛮族的、军事的社会群体，并将这两个社会群体统一在一个获得罗马帝国授权的蛮族国王的领导之下。但是，这种蛮族政治体制以失败告终。高卢北部的法兰克人和不列颠的小国王们创建的另一种王国体制则更加长久，它让王国内罗马人和蛮族人的区别很快消失了。这些王国成功的原因有很多。一方面，它们远离拜占庭世界的核心，所以，在5世纪初之前，它们被帝国认为是无足轻重的；而到6世纪，它们又躲过了查士丁尼的收复运动。另一方面，罗马民政管理的变化差不多已经不可救药，蛮族国王们也没什么可以吸收的了。对法兰克人来说，罗马的民政管理似乎只在个人公民性的层面上还有所残存。在不列颠，甚至连地方一级的罗马官僚系统都没有残留下来，因此，在新统治者的政府里找不到罗马民政管理的痕迹。最后，蛮族本身也是各不相同的。虽然法兰克人和撒克逊人起初都是帝国的同盟者，但是，他们没有直接参与到君士坦丁堡控制的地中海世界和意大利的事务中。他们与那些被他们同化的罗马人一样，既远离狄奥多里克代表的文化传统与行政传统，也远离卡西奥多罗斯代表的文化传统和行政传统。由此带来的结果是，这些族群在经历了一个更加简单，但长远看来却更加彻底的转变之后，发展出了新的社会和文化形式。

5世纪初，由于长期游离于拉文纳和君士坦丁堡的事务之外，不列颠人和北部高卢人不得不指望自我保护和自己的体制了。在这两个地区，本地联系开始高于更广泛的罗马系统，出现了由罗马、凯尔特以及日耳曼因素共同塑造的新政治格局。在不列颠，中央集权的罗马政府式微，被众多小而相互为敌的王国取代。在5世纪晚期至6世纪初的这段时间里，罗马帝国的日耳曼同盟者，撒克逊人、弗里斯兰人、法兰克人以及其他沿海地区的日耳曼人开始统治这些小王国，尤其是位于不列颠东南部的小王国。虽然来自大陆沿海地区的移民很多，以6世纪时尤甚，但是，“盎格鲁－撒克逊”王国早期的家谱中却经常出现凯尔特语的名字，而且这些小王国里还有幸存下来的基督教团体。这些现象说明，盎格鲁－撒克逊人的族群演化源于以下因素：本地人口与来源不同的新近移民逐渐融合并共同接受一些家族的政治领导，不久之后，这些家族开始认为自己是传奇的日耳曼英雄的后裔。事实上，大多数盎格鲁－撒克逊王室的谱系将他们的祖先追溯到了战神沃登（Woden）①，甚至还把他们的祖先日阿特（Géat/Gaut）当成了“神”。

远离地中海事务的北高卢也经历了类似的人口融合，形成了法兰克人社会。5世纪，在罗马行省管理机构的废墟中出现了一些相互竞争的王国，它们或者由军事领袖统治，或者由国王统治。其中有一些是法兰克人国王，他们统领了许多与莱茵河两岸都有联系的蛮族军队。另一些则是高卢－罗马贵族，他们得到了由多群体混杂的罗马外省军队和蛮族军队的支持。法兰克人国王中有来自墨洛温家族的成员，他们统领了起源于萨利安法兰克人（Salian Franks）的军队，这支军队很可能是4世纪晚期时在帝国内定居的。在这样的格局里，族群归属远没有政治利益重要。举例来说，法兰克人国王希尔德里克（Childeric）通过为帝国服务增加了财富和力量，但是，他的追随者们却在有利可图之时，十分轻易地就将效忠对象转向了罗马军事领袖－贵族。

从486年起，希尔德里克之子克洛维以他父亲的王国——

① 相当于北欧神话中的奥丁（Odin）。

以图尔奈（Tournai）为中心——为基础，开始向南和向东扩张自己的力量。他占领了曾由图林根人短暂统治过的高卢第二比利时行省（Belgica Secunda）的管理中心苏瓦松（Soissons），还在496至506年间打败了阿勒曼尼人。507年，克洛维击败并杀死了西哥特国王亚拉里克二世（Alaric II），开始征服比利牛斯山（Pyrenees）以北的西哥特王国。克洛维的所有征服行动似乎既没有得到君士坦丁堡的授意，也没有与君士坦丁堡达成协议。但是，在他战胜亚拉里克二世之后，阿纳斯塔修斯（Anastasius）皇帝派遣使者授予他某种形式的帝国认可，很有可能是授予了他名誉执政权。克洛维大约511年去世。去世前的几年，他不仅铲除了其他法兰克人国王，还消灭了家族内部与他竞争的人，这些人在科隆、康布雷（Cambrai）和其他地方统治的王国与他父亲的王国相似。

克洛维的法兰克王国的族群演化过程与意大利的东哥特王国和阿奎丹（Aquitaine）的西哥特王国都不同。克洛维既不把罗马帝国的直接命令作为他征服行动的基础，也不想建立前一代蛮族国王们创建的双元社会。萨利安法兰克人在高卢定居已久，世世代代都被深刻地卷入到帝国和地区的政治斗争中。克洛维的权力已经得到了高卢 - 罗马贵族代表的认可。举例来说，在克洛维皈依基督教很久以前，从486年克洛维父亲去世之后，兰斯主教雷米乌斯（Remegius of Rheims）就已经认可了克洛维的权威。因此，在吞并其他竞争对手的权力中心后，他并没有像早前的蛮族国王那样引起巨大的变化。虽然他确实接收了罗马民政管理的遗产，但是，正如我们已经看到的，这些遗产并没有超出个人公民性的层面。

不仅如此，并没有证据证明法兰克人已经创造或试图创造一个与罗马人相对立的、强烈而独特的身份，这是法兰克人与狄奥多里克或其他哥特人统治者不一样的地方。虽然克洛维家族表面上宣称拥有一半神的血统，并把一个半人半兽的动物算作自己的祖先，但是，法兰克人的谱系传说根本没法与哥特人是英雄和神的后代的传说相比。因此，法兰克人不仅不说自己的古老传统与罗马人不同，反而强调两者之间的相同点。早在6世纪的时候，法兰克人就已经将特洛伊人认作自己的祖先，这样一来，他们将自己的家族谱系与他们的罗马邻居联系在了一起。

法兰克人不仅做好了与罗马人共享同一个血统的准备，还做好了与他们共享一个宗教的准备。6世纪之前，一些法兰克人已经皈依基督教，他们要么是阿里乌斯派信徒，要么是正统基督教的信徒。另一些法兰克人，包括克洛维的家族，则仍然坚持多神教的宗教传统。在强大的邻居狄奥多里克的影响下，克洛维可能考虑过阿里乌斯派，但是，他最终接受了正统基督教教会的洗礼，不过，在接受洗礼的时候，他依然游移不定。

相同的宗教以及关于相同血统的传说将克洛维领导的法兰克人与居住在他的王国里的罗马人联合了起来，这样一来，任何事情都无法阻碍他们构建一个共同的身份了。事实上，他们很快就做到了。仅仅过了几代，卢瓦河以北的居民就已经成为统一的法兰克人。虽然在南部和勃艮第人中还存留着罗马的法律传统，在被克洛维之子于6世纪30年代征服的老勃艮第王国境内还保留着罗马人的法律地位，但是，这些不同的法律传统没能促成一个独立的社会和政治身份的形成。法兰克人之所以能拥有如此强大的融合力，是因为他们利用罗马遗产和蛮族传统构建了一个统一的社会。

结论：老名称和新族群

4世纪和5世纪见证了欧洲社会和政治结构的重大变革。在这一过程中，许多像哥特人这样强大的联盟消失了，它们转变成王国的形式重新出现在意大利和高卢地区。其他的联盟，诸如匈人帝国和汪达尔人王国，似乎凭空崛起，结果又在几代之后就完全消失。而其他先前不为人所知的族群，例如盎格鲁人和法兰克人，却建立了持久的政治体制。然而，无论是持久存在还是昙花一现，隐藏在这些族群名称背后的社会现实在各个方面都经历了快速而激烈的变革。不管3世纪尼瓦王国里的哥特人是什么样，6世纪西班牙的哥特人在语言、宗教、政治和社会组织形式上都与之截然不同，甚至连祖先都与其不同了。同样地，4世纪被尤利安皇帝打败的法兰克人和那些6世纪跟随克洛维征战的法兰克人几乎没有任何相同之处。罗马人也是如此，他们在这一时段里经历的变化也同样戏剧化。当族群在效忠对象、联姻关系、变革方向和资产占有方面接连不断发生变化时，似乎只有族群的名称没有变，但是，这些名称就像舰艇一样，在不同的时间里装载着不同的内容。

名称是可更新资源，它们能说服人们相信连续性的存在，即使不连续是活生生的现实。不论是像哥特人或苏维汇人这样古老族群的名称，还是如阿马尔这样著名家族的名称，所有的老名称都可以被重新认领，被用于新的形势，甚至被新的强权用作他们战斗的口号。如其不然，那些小的、相对不太重要的群体的名称也可能借由庞大的权力而变得声名显赫。法兰克人就是其中最重要的一例。3世纪时，他们只是罗马主要敌人中最不起眼的一个。但是到6世纪时，在西欧的大部分地区，“法兰克人”这一名称的重要性不仅超越了“哥特人”、“汪达尔人”和“苏维汇人”，甚至还超越了“罗马人”。

第五章

最后的蛮族？

6世纪，前罗马帝国的境内冒出了许多新兴的领地王国，它们改变了两种族群的性质：一种是那些用自己的名称命名当地政治实体的族群，另一种是新近迁徙至被前一种族群抛弃的帝国边境地区的“新”蛮族。在这一章里，我们将考察高卢、意大利、西班牙、巴尔干半岛以及不列颠岛的统治阶层，看看在罗马人和蛮族之间的界限被彻底消除前，他们是如何先将这些界限变得模糊的。

西部王国的统一

伦巴底人的意大利

伦巴底人的意大利诞生于混乱和暴力之中。拜占庭军队与东哥特人军队的血战让意大利元气大伤，这为伦巴底人的入侵提供了可乘之机。568年，宣称是郭特王室后裔（关于他如此宣称的理由，我们不得而知）的国王阿尔博因带领军队入侵了意大利。这支军队混杂了来自潘诺尼亚省的罗马人、苏维汇人、萨尔马提亚人、赫鲁利人（Herulians）、保加尔人、格皮德人、撒克逊人和图林根人。在他们当中，有些人是阿里乌斯派信徒，有些人是正统基督教信徒，还有一些很可能是多神教信徒。这些群体有各自的首领，他们要么来自王室，要么来自有名望的家族，他们不仅相互嫉妒，还对伦巴底国王眼红不已。他们不是驻扎在罗马行省里听从皇帝命令的帝国同盟军，他们是血腥、暴力的征服者。权力分散的特点增强了他们暴力的程度，尤其是在阿尔博因因听信妻子谗言死亡之后，这些首领创建了遍布整个意大利的自治公国。伦巴底人在罗马和那不勒斯功败垂成，被拉文纳的罗马指挥官（我们也可以说是拜占庭的指挥官）击败。在伦巴底人对勃艮第地区发动多次灾难性的突袭之后，勃艮第人和法兰克人军队趁伦巴底人被拜占庭军队击败之际，夺取了奥斯塔（Aosta）和苏萨（Susa）之间的皮埃蒙特（Piedmont）峡谷，阻隔住了伦巴底人。

在这些公国中，伦巴底人（只占他们占领土地上不到百分之五至百分之八的人口）没有给从拜占庭收复运动中挺过来的罗马精英任何正式的政治地位。一位当时在阿尔卑斯山西部的人记述说，阿尔博因的继任者克莱夫（Cleph）“屠杀了许多高层和中层人士”[1]。同样地，8世纪的史家助祭保罗（Paul the Deacon）根据一位生活在6世纪晚期的人的故事写道，“[克莱夫]杀了许多有权力的罗马人，驱逐了其他罗马人”[2]。保罗对克莱夫死后的情形做了如下记录：

> 在这些天里，许多罗马贵族被肆无忌惮地屠杀。幸存者被划分进“寄居者”的行列，纳入不同的进贡国，要将收成的三分之一交给伦巴底人。[3]

这些记录的片段似乎都表明，在伦巴底人征服的过程中，众多罗马地主不是被杀害，就是被迫踏上了流亡之路，很有可能还逃进了那些仍然由帝国控制的地区。原先属于他们的土地很可能被没收了，要么被分配给了伦巴底人，要么成为国王或公爵的领地。其他的土地所有者则必须向征服者缴纳很重的税，将自己土地上三分之一的产量上交给公爵或国王。

显而易见，这些措施迫使残存下来的罗马精英服从于伦巴底人征服者。然而，他们尽管被迫承担沉重的赋税，却没有沦落成奴隶或农奴。数量非常小的伦巴底人军事精英几乎没想过要清除罗马社会的整个上层，即使这样的做法是有可行性的。因为，让他们当中的大部分人成为纳税者显然是一种有利可图的做法。

对幸存下来的罗马精英来说，在伦巴底人的统治下生活也许是艰难的。但是，相较于那些生活在拜占庭统治者保护之下的人来说，他们的生活并不那么糟糕。拜占庭统治者坚守的地区包括了大部分的沿海地区和从拉文纳到罗马的意大利中部地区。实际上，伦巴底人统治下的生活可能比“罗马人”统治下的生活更好。6世纪末，教宗格里高利一世（Gregory the Great）曾在写作中抱怨，科西嘉岛的地主们试图逃向而不是逃离伦巴底人控制的地区，对其他地方各阶层的人来说，比起生活在帝国税收官无情的压榨下，他们有时似乎还更倾向于生活在伦巴底人的统治下。[4]总的说来，在几十年前的围城和劫掠中幸存下来的罗马人似乎已经在伦巴底人的新秩序中找到了一席之地。经过一段时间（我们无法确定究竟经过了多长时间），伦巴底人的社会和罗马人的社会合二为一了。

关于7世纪伦巴底人王国里罗马人的原始材料非常少。但是，考古材料以及少有的书面材料都暗示了一个不同族群在王国内部相互融合的过程。首先，参与了入侵的各个群体相互合并，形成了一个新的、统一的伦巴底人身份。然后，这些“新”伦巴底人和数量更多的罗马人邻居逐渐融合成了一体。

最开始，法律是塑造伦巴底人的重要工具。从7世纪中叶开始，在伦巴底人王国中服务的、来源多样的蛮族战士们都被要求服从伦巴底人的法律，除非国王同意他们可以实行另一种法律传统。[5]毫无疑问，伦巴底人的法律身份并不是与生俱来的，而是国王的法令赋予的。在国王主张统一的压力下，阿尔博因军队中用来区分不同群体的标准消失了，这有利于形成一个简化的、能与罗马人身份并肩的伦巴底人身份。不过，这两个身份的对立也开始消失了。伦巴底人逐渐接受了罗马人的服装，开始使用罗马人的陶器和其他东西；此外，尽管没有什么直接的证据，但是各个阶层的伦巴底人和罗马人开始通婚了。伦巴底人吸收罗马传统最显著的证据就是他们对罗马城市的利用。在整个王国里，所有公国（根据助祭保罗的记载，可能有三十五个之多）都选择罗马帝国时期的城市作为自己公国的中心。[6]

到8世纪，当书写材料开始在意大利重新出现时，伦巴底人和罗马人的统一已经被大大推进了。给孩子起名字时，人们既用罗马人的名字也用伦巴底人的名字。有些人甚至采用日耳曼人的传统，将不同名字的元素糅合在一起，产生了一些像“Daviprand”或“Paulipert”这样的混合名字。[7]同样地，罗马人和伦巴底人的法律传统也紧密地连接在一起了。伦巴底人的法律是根据7世纪50年代至8世纪50年代间多位国王的命令书写而成的，它们与罗马人的法律并行，并反映出一些罗马人习惯的影响，其中最为重要的就是，成文法这一概念本身对伦巴底人法律产生了影响。伦巴底人的土地法完全延续了罗马人的土地法，但继承法却遵循了两种不同的传统，具体采用哪种法典要依情况而定。

到8世纪早期时，伦巴底人的法律已经适用于所有人了。国王利乌特普兰德（Liutprand）的法典中有一章的结尾这样写道：

> 关于书记员的职责，我们规定，契约起草者起草契约时既要遵循伦巴底人的法律——众所周知，伦巴底人的法律是适用于所有人的——也要遵循罗马人的法律；但是，他们只能做这些法律允许范围内的事情，不能起草出违反伦巴底人法律或罗马人法律的契约。[8]

这则法令继续说到，如果双方一致同意，人们可以在这两套法律体系之外达成私人契约。然而，涉及财产继承问题时，所有契约则必须依照法律规定起草。有些人曾对这句话做出如下解读，即“只有在处理关于财产继承的事务时，人们才必须完全遵守他的或她的法律”[9]。然而，这样的理解可能是一种过度解读。因为原文只指出，在涉及遗产继承时，书记员必须“根据法律”起草文件，也就是说，根据两种法律体系中他们认为合用的那种法律体系来起草。这大概是因为私人协议在某些情况下有可能不合适，因为它还有可能牵涉利益的第三方，即那些并不同意这个私人协议的潜在的继承者。所以，这条法规规定了立遗嘱人有选择想要适用哪种法律的权利。实际上，法律已经成为一种解决问题的手段，而不是一件与血统有关的事情。

私人转让地产时订立的契约表明，个人有权选择他们想要适用的法令，甚至家庭成员之间的选择也可以不同。布里吉特·波尔–雷斯尔（Brigitte Pohl-Resl）举的两个例子说明了这一事实。在767年的一则契约中，一群人向布雷西亚（Brescia）的圣萨瓦托（S. Salvatore）女修道院院长进行捐赠。这则契约没有对捐赠者们的法律地位做出法律上的区分，但他们共同拥有被捐赠地产的这一事实表明，他们实际上是亲属关系。然而，捐赠人中有一位，也是唯一的一位，意外地带有拉丁名字“贝内纳图斯”（Benenatus，意为“出身名门”），他在自己签名的后面指出，“根据他自己选择的伦巴底人的法律”，他将会收到一笔回礼，也就是伦巴底人所说的launegild。[10]贝内纳图斯显然是他的亲属中唯一一个主张使用由利乌特普兰德国王提供给所有人的伦巴底人法律的。此外，758年，一位以上流伦巴底人名字“冈德拉达”（Gunderada）为名，却被明确指出是一位“罗马妇女”（Romana mulier）的女人，在丈夫的同意下，捐赠或出售了一块地产。对生活在伦巴底人法律下的妇女而言，丈夫的许可是正常而合乎体统的。但是，在罗马人法律下，这本是不必要的。无论“罗马妇女”的称呼曾经是何含义，这位妇女和她的丈夫都按照伦巴底人的法律传统来行事。由此可见，要么是冈德拉达不再遵循罗马法律，要么就是她的罗马人身份在法律范畴内无足轻重。[11]这两个例子有力地说明，在8世纪前，一个人使用哪种法律与他作为意大利地主的“族群”身份没什么关系。

也许是入侵者具有的多样性、松散的统治以及与前两点相对应的多种宗教身份，让罗马人和伦巴底人相对比较顺利的融合变得更加容易了。6世纪中期，一位觐见查士丁尼皇帝的代表曾说，伦巴底人是正统基督教的信徒。然而，到入侵意大利之时，伦巴底人的军队中却有了正统基督教信徒、多神教信徒和阿里乌斯派信徒。[12]阿尔博因似乎曾经是阿里乌斯派的信徒，或者至少是一个对阿里乌斯派抱有同情心的多神教信徒，不过，他的第一任妻子，法兰克人国王克洛泰尔（Chlothar）之女克洛斯温达（Chlotsuinda），却是一位正统基督教的信徒。后来的伦巴底人国王要么是阿里乌斯派信徒要么是正统基督教信徒，直到6世纪晚期，伦巴底人中还有很大一部分坚持信仰多神教。除了奥塔里国王（Authari，584—590年在位）试图阻止伦巴底人接受正统基督教洗礼，其他的伦巴底人统治者都没有真正地尝试将一个统一的宗教强加给他们的臣民。地方上的公爵们，要么支持宗教崇拜，要么反对宗教崇拜，要么完全忽视宗教。7世纪末，伦巴底人统治者和可能占大多数的伦巴底人民众，在没有经历戏剧性变革和冲突的情况下，最终皈依了大多数意大利人所信奉的正统基督教信仰。

但是，罗马人与伦巴底人的融合并不意味着伦巴底人身份的消失。恰恰相反，不论一个人的血缘出身如何，也不管他的祖先是不是跟随阿尔博因来到意大利，到8世纪时，社会精英阶层已经认为自己是伦巴底人了。虽然只有伦巴底人才能接近权力和财富，但是，这不是说罗马人的地位低于伦巴底人，而是说罗马人已经变成了伦巴底人。“伦巴底人”和“罗马人”这两个词的含义以复杂的方式发生了变换。

伦巴底人的身份利用了军事精英阶层的传统，无论当时的情况如何，军事精英阶层都是最初创建王国的群体。成为伦巴底人，至少理论上，就是成为一名自由的战士和土地所有者。这是8世纪时《伦巴底人法》（Lombard Laws）所描述的伦巴底人形象。在利乌特普兰德国王（712—744年在位）的法律中，士兵（拉丁语写作exercitalis，拉丁化的伦巴底语写作arimannus）是典型的自由人。[13]到他的继任者艾斯图尔夫（Aistulf，749—756年在位）时期，身份的认定发生了奇妙的倒置。成为富有的人就是成为战士：

> 拥有七所房屋的人应该拥有锁子甲和其他军事装备，以及战马和其他武器。同样地，那些没有房屋但却拥有四十尤格（iugera）①土地的人应该拥有一匹战马、一面盾牌和一柄长枪……
>
> 同样地，关于商人和拥有财富的人：那些更加英勇、更加强壮的人应该拥有一套锁子甲、若干战马、一面盾牌和一柄长枪；那些追随他们的人应该拥有若干战马、一面盾牌和一柄长枪，而再次一级的人应该拥有一箭筒的箭和一张弓。[14]

① 拉丁语iugerum或jugerum，复数形式为iugera或jugera，古罗马时期的土地单位，每尤格约合0.25公顷。参见江平主编《中美物权法的现状与发展》，北京：清华大学出版社，2003年，第302页。

换句话说，只要一个人足够富有，无论血统如何，他都应该像一个体面的伦巴底人那样装备自己。

而“罗马人”是否还存在呢？艾斯图尔夫的法典中仍然有涉及罗马人的条款，但是，这个法典既不将罗马人等同于意大利本土居民的后裔，也不将罗马人等同于遵循罗马人法律的人，而是将罗马人等同于那些生活在意大利土地上，通过拉文纳被拜占庭帝国直接控制或被教宗控制的居民。法律禁止商人在没有国王许可的情况下与“罗马人”通商，否则将面临严峻的惩罚，例如被剃光头并四处奔走高喊：“当我们与罗马人交战时，那些未经王室许可而与罗马人做生意的人就会受到这样的惩罚。”[15]这里说到的“罗马人”显然不是伦巴底人王国境内的居民，而是来自被君士坦丁堡控制的意大利土地上的“外国人”，因为伦巴底王国境内能进行这些贸易的富有商人已经被认为是伦巴底人了。类似地，8世纪法庭案例提及的“罗马人的时代”指的也是伦巴底国王控制意大利之前非常久远的时代。[16]伦巴底人经历了一个新的族群演化过程，王国内所有的地主精英都参与其中，而“罗马人”变成了一个政治性和地区性的称呼，基本等同于支持拜占庭的政治力量。

西哥特人的西班牙

哥特人王国创建于418年至419年的高卢地区，它遵循了我们在前一章分析过的罗马帝国晚期与蛮族联盟的策略。在哥特人统治的头五十年里，哥特人国王都按照罗马帝国同盟者的传统行事。哥特人的人口总数，将男人、女人和儿童都计算在内，被认为处于八到二十万之间，因此，他们从来都是王国境内占人口极少数的群体。他们起初定居在王国首都图卢兹周边的高卢地区，除了在比利牛斯山以南的地区拥有一些军事单位，他们几乎没有什么存在感。王国境内数量庞大的罗马人一直依照罗马的法律和制度生活，在自己的法律和传统中获得了安全。直到466年，与帝国建立同盟关系的传统走到了尽头：这一年，尤里克国王正式撕毁与帝国签订的条约，开始真正入侵高卢南部和东面的普罗旺斯以及南面的西班牙。王国政策的如此转变既是哥特人在高卢和意大利遭遇政治衰退的情况所决定的，也是哥特人新出现的某个意识形态方案的结果。到5世纪60年代时，帝国的军队和政治权威在西部地区已不复存在，尤里克因此轻易地填补了权力的空白。

哥特人新的扩张计划引起了国内某些群体的激烈反抗，那些居住在奥维涅和比利牛斯山南部地区，以及塔拉科（Tarraconensis）和整个埃布罗河峡谷（Ebro Valley）的人，表现得尤为激烈。严格来说，这一冲突并不是罗马人和哥特人的矛盾。在某些地区，哥特人留用了罗马的前指挥官。但是，哥特人的到来引起了当地土地贵族们的不满，他们率领自己的蛮族盟友以及家臣进行抵抗。埃布罗河地区的斗争尤为激烈，因为当地利益不仅因罗马－哥特条约的终结而受到威胁，还因哥特殖民者数量在当地的增加而受到威胁，这些哥特人是在5世纪90年代首次抵达西班牙的。

然而，恰恰是在哥特人与被征服者之间的矛盾达到顶峰的时候，哥特人和罗马人开始了认真的合作。亚拉里克二世国王（484—507年在位）带头向臣服于他的罗马人寻求达成合作的可能。

亚拉里克在王国内的高卢－罗马人中间抛出了两个引起激烈争论的问题。第一个问题：是否有必要建立一个法律体系，让臣服于哥特国王的罗马人可以自行处理他们之间的法律事务。由于亚拉里克之父尤里克国王颁布的法典适用于哥特人王国内的所有居民，它很有可能被用来处理哥特人和罗马人的关系问题。[17]用来管理罗马人群体内部事务的法律应该是怎样的呢？亚拉里克修订并缩减了自438年颁布起就被认为是罗马人基本法典的《狄奥多西法典》(Theodosian Code)，形成了所谓《亚拉里克摘要》(Breviary of Alaric)。这个摘要为罗马臣服者提供了得到国王认可的法典，专门用来处理在西哥特王国生活中会遇到的那些非常基本的现实问题。

第二个争论点是如何解决以下这个难题：帝国秩序消失前确立的教区边界已经与高卢南部地区法兰克人、勃艮第人和哥特人之间的地理分界不相符了。虽然亚拉里克是阿里乌斯派信徒，但是，他于506年在阿格德(Agde)召开了一次教区理事会，会议重申正统教会的等级制度，解决了6世纪早期新的政治现实所导致的问题。

通过这些措施，亚拉里克成功地赢得了王国境内高卢－罗马地主们的忠诚。甚至连正统教会的主教们也都对他表示效忠。507年，已经有相当多的罗马人在武伊勒（Vouillé）战役中站在哥特国王这边抵抗法兰克人克洛维了，而领导他们的是曾经坚决反对哥特人的首领之子。

但是，武伊勒战役失利，亚拉里克也因此丧命。图卢兹的哥特人王国以及哥特人与罗马人之间快速和解的可能性也随之终结。在溃败中幸存下来的哥特人和家人以及家臣跨过比利牛斯山进入了西班牙的中心地带。他们在那里重建的哥特人王国呈现出一种非常绝望而敌对的氛围。西班牙在文化上与其他罗马行政区非常不同。除占人口多数的西班牙－罗马人（Hispano-Romans）外，这里还有数量众多的希腊人、叙利亚人、非洲人和犹太人。大部分人生活在港口城市，例如塔拉戈纳（Tarragona）、托尔托萨（Tortosa）、埃尔切（Elche）、卡塔赫纳（Cartagena），以及507年后依然掌握在哥特人手中的位于比利牛斯山和罗纳河谷之间的纳博讷。此外，苏维汇人仍然统治着加利西亚（Galicia），那里有若干当地人的社会群体，包括北部的巴斯克人以及居住在奥洛斯佩达（Orospeda）和坎塔布里亚（Cantabria）的其他当地人。几个世纪以来，这些当地人名义上处于罗马人占领之下，但他们与罗马的接触非常少。在这些地形高低起伏、经济上相互隔离的区域里，“罗马性”曾经几乎只意味着罗马军队的不时出现，而且，直到7世纪，多神教依然相当普遍。罗马传统非常牢固的地方，例如埃布罗河峡谷，恰恰是前一代西哥特人统治者遭到最强烈抵抗的地方。当战败撤退的哥特人军队在507年跨过比利牛斯山时，如果他们想要统一伊比利亚半岛，那么他们将面临一个艰巨的任务。

西哥特人王国在西班牙中心地区的建立可以被看作哥特人迁徙的结束。6世纪，在哥特人与罗马地主精英阶层还维持着由尤里克和亚拉里克早先确立的临时协定（modus vivendi）的时候，哥特人就开始在西班牙巩固他们的地位了。与此同时，他们尝试通过禁止通婚和保持阿里乌斯派信仰的方式来维持他们独立的身份。

禁止罗马人与蛮族通婚是《亚拉里克摘要》从《狄奥多西法典》中吸收和采纳的基本要素之一。《狄奥多西法典》最为担心的现实问题是，外省罗马人与他们的蛮族亲属相互勾结。[18]《摘要》中禁止罗马人与“蛮族”通婚的措辞非常强烈，这也许意味着哥特人并不被包含在蛮族（barbari）中，因此，这项禁令的真正目的可能是阻止法兰克人和罗马人之间的婚姻联盟，这样的婚姻联盟被认为有害于西哥特人的利益。[19]此外，这项禁令原本也可能是为了保护哥特人的身份，因为哥特人的身份早已因两代人都在数量庞大的人口中定居而受到了威胁。但是，它也有可能是用来保护罗马人权利的，因为或多或少地强迫罗马女性继承人与强大的哥特人通婚是一种可以获得罗马人地产的方法。无论这项禁令的最初动因是什么，在西哥特王国撤退进西班牙之后，这项禁令在新的背景之下有了新的含义。此后，它被看成限制哥特人与罗马人通婚的措施。在武伊勒战役之后，这项禁令表明了罗马人和哥特人的一致愿望——将哥特军事精英与罗马平民区别开来。这项禁令一直贯彻了五十年。西班牙－罗马宗教领袖也希望能保持独立的身份，因此他们禁止正统基督教徒与阿里乌斯派信徒通婚。

这是因为，阿里乌斯派信仰构成了哥特人身份的第二个要素。整个6世纪，哥特人一直坚持自己的信仰，也正是在这个时期，他们的信仰造成了他们与信仰正统基督教的罗马人的决裂，给拜占庭或者说东罗马帝国向西渗透提供了一个有利的背景。不过，哥特人的领导层认为，这样的文化界限是必要的，他们甚至还引入了新的文化界限。例如，6世纪早期的考古材料透露，哥特人也许已经开始有意地用一种能够表明他们与罗马人邻居不同的方式打扮自己，或者至少用这种方式打扮死者了。[20]

我们无法判断这些旨在让哥特人维持一个独立身份的措施究竟产生了怎样的效果。可以肯定的是，罗马人和哥特人之间的通婚以及跨越宗教界限的改宗都时有发生。更为重要的是，在罗马人享有财产权时，他们仍处于政治权力圈之外，这一现实很可能激发了一些人想要改变身份的野心。正如一位历史学家已经指出的，虽然这些措施试图维持哥特人和罗马人之间的区别，但是“哥特人的法律却没有对成为哥特人的条件做出规定”[21]。极有可能的是，哥特国王们拥有决定哪些人可以被认为是哥特人的权力。一个跨越这些界限的动议不仅是可以被接受的，而且对要在辽阔的王国里维持控制权的哥特人军队来说，甚至还是必要的。显而易见的是，只要哥特人仍然是一个小的、独立的军事精英群体，那么他们对整个西班牙的控制就会非常有限。6世纪中叶以前，西哥特人的君主体制因暗杀、竞争和有独立之心的行省而灾祸连连。反叛者们甚至请求查士丁尼皇帝出手干预；结果，拜占庭人不仅占领了西班牙东南部的海岸，还发出威胁，要像摧毁东哥特人王国一样，对西哥特人王国发动残忍的再征服。

然而，到6世纪70和80年代时，所有用来区分哥特人和罗马人的传统方式都开始失效。强健的国王利奥维吉尔德（Leovigild，569—586年在位）在整个西班牙加强并扩张国王的权威。他镇压了科尔多瓦（Cordova）和欧伦塞（Orense）的叛乱，将远处的行省，例如坎塔布里亚和阿斯图里亚（Asturia），都收归国王控制，他甚至还在一定程度上平定了巴斯克人。他将托莱多（Toledo）确立为永久的首都；而此时其他蛮族国王们还在坚持一种流动性的王权，没有一个固定的统治中心。584年至585年，他打败了加利尼西亚的苏维汇人王国，并将其领土纳入自己的王国。作为中央集权计划的一部分，他开始废除那些用来区分他的臣民的传统壁垒。他撤销了反对通婚的禁令，因为到那时，这项禁令已经被明确地看作一项反对罗马人与哥特人联盟的禁令。他这样做的真实目的肯定是鼓励正统基督教信徒与阿里乌斯派信徒通婚，因为正统基督教教会的法规禁止两者通婚。这样一来，国王允许而教会禁止的联姻只能在信仰正统基督教的那一方宁愿无视教会法律的情况下才有意义。利奥维吉尔德还想进一步鼓励正统基督教信徒改宗哥特人信仰的基督教，因此，他在托莱多举行教会会议，修改阿里乌斯派的教义，让阿里乌斯派接受圣父和圣子(但是并没有圣灵)的同等性，并取消改宗者必须接受二次洗礼的要求。利奥维吉尔德显然是在尝试让罗马人能够更容易地变成哥特人。[22]

由于正统基督教教会主教们的强烈反对，利奥维吉尔德清除罗马人和哥特人之间壁垒的努力失败了。他的儿子赫门尼吉尔德（Hermenigild）看到了一种能更加有效地将罗马人与哥特人联合起来的方法。在一次反对他父亲的叛乱中，赫门尼吉尔德可能因为希望赢得大多数正统基督教教徒们的支持而改信了正统基督教。尽管赫门尼吉尔德的叛乱没有成功，并以他的流亡和最终的死亡而告终，但是，他的兄弟雷卡雷德（Reccared）在父亲死后却遵循了同样的道路。雷夫雷德于587年皈依正统基督教，这引起了其他阿里乌斯派主教和整个阿里乌斯派教会在589年托莱多会议上的迅速改宗。终于，王国内的大部分居民可以开始快速融合了。用雷卡雷德自己的话说，他的目标是创建一个新的、团结的社会——“基督追随者的社会，超越传统哥特人－罗马人二元制的社会”[23]。

哥特人的改宗消除了社会和文化融合的障碍。即使哥特语仍然在阿里乌斯派礼拜仪式之外的其他地方使用（到7世纪时已经几乎不太可能），但很快就消失了。哥特人和罗马人的服饰和物质文化事实上早已难以区分，融为一体。[24] 643年至644年间，国王金达苏伊斯（Chindasvinth）颁布了一部对王国内所有居民都适用的法典，从此之后，哥特人和罗马人适用不同法律的传统彻底结束了。[25]

虽然哥特人和罗马人之间的区别消失了，但哥特人的身份并未消失。不过，就像“伦巴底人”这一标签在意大利成为一种阶级和财富的称号一样，在西班牙称赞一个人有哥特人血统并不意味着他拥有一个了不起的出身。好出身的组成要素是财富、权力以及对王国的认同，而不是血统。根据638年第六次托莱多会议的一项规定，国王必须“有哥特人的血统，并在品行上令人敬重”。不过，这仅仅意味着法兰克人和阿奎丹人（Aquitanians）被排除在王权之外。[26] 680年继承王位的赫尔维希（Erwig）国王是一位从拜占庭帝国流亡而来的罗马人的儿子。从族群含义的任何一方面来说，他都不是哥特人，但是，他又是哥特人，因为他出生在西哥特王国，并且，由于他的父亲娶了金达苏伊斯国王之女为妻，所以他从父亲那里获得了贵族出身。因此，他符合托莱多会议关于王位继承的规定。总之，要成为一个“哥特人”就要成为西哥特人王国精英阶层中的一员。

正统基督教的等级制度使教会人士对这样的新观点以及提出这一观点的哥特国王表现出异乎寻常的支持。用正统基督教统一整个社会的计划是7世纪多次托莱多会议指导的结果，其中有十六次会议是在589年至702年间举行的。然而，尽管改宗让哥特人和罗马人的统一变得更加容易，但这一计划却忽略了一个事实，那就是，伊比利亚半岛上的“罗马”居民从来没有因文化或宗教而统一过。在信奉阿里乌斯派的西哥特人统治的几十年中，哥特人和罗马人相互混杂的人口结构被成功地简化了。首先，不同的阿里乌斯派信徒，苏维汇人、汪达尔人、奄蔡人以及其他的群体已经融合成一个单一的哥特人民（Populus Gothorum），而信仰正统基督教的希腊人、叙利亚人以及西班牙的北非人则被迫构成了一个单一的罗马人民（Populus Romanorum）。当哥特国王放弃阿里乌斯派时，这两个“人民”终于可以合二为一了。但是，作为西班牙罗马居民重要组成部分的犹太人却被排除在这个统一的过程之外。

纵观整个6世纪，由于罗马性与正统基督教日益紧密地联系在一起，犹太人逐渐失去了罗马人的身份。因此，他们不得不开始犹太人族群的演化过程。这个族群演化的过程使他们成为天主教邻居眼中一个受到鄙视和迫害的族群。在这样一个将基督徒身份作为决定性特征的社会中，犹太人被不断边缘化的事实与拜占庭帝国内的情况如出一辙。在拜占庭帝国，由于正统基督教变成了国家关注的事务，犹太人发现自己越来越被边缘化，并日益遭到迫害。在西哥特人王国里，这样的边缘化和迫害甚至比君士坦丁堡还要更加猛烈。

哥特人改宗后，由于罗马人和哥特人之间的区别消失了，犹太人的特殊性变得更加明显，引起了信奉基督教的国王们的不安。因此，旨在迫使王国境内的犹太人进入基督徒团体（societas fidelium）的可怕法律最先在西哥特人统治的西班牙诞生了。

犹太人承受着沉重的压力，他们必须面对要么接受洗礼，要么接受严峻惩罚的选择。不仅如此，犹太人的活动范围受到限制，处于基督教神职人员的监督之下；如果坚持犹太人的饮食习惯，行割礼和传播犹太教信仰，他们就会受到鞭打、剥皮、断肢和没收财产的惩罚。虽然这些措施的目的是改变犹太人的信仰，但王国的法律却隐晦地指出，那些已经改宗的犹太人依然是基督教的敌人。最终，反犹太人的法律在赫尔维希国王时期达到顶峰。他规定，所有的犹太人，无论是否改信基督教，都是奴隶。[27]

西哥特国王企图消灭犹太人，并得到了基督教神职人员的支持，支持者中包括本身具有犹太人血统的托莱多的尤里安（Julian of Toledo）。但是，他们表现出的愤怒与他们可以用来执行这些残酷措施的真实能力严重不符。大多数人显然并不认同对犹太人这样强烈的憎恶，事实上，极端严酷的法律一次又一次出台已经说明，这些措施是缺乏支持的。不过，统治者们想要灭绝犹太人——这一因他们的政策而诞生的“新”族群——的决心给西班牙留下了一个可怕的遗产。近代早期，对血统纯净性的狂热关注再一次在西班牙出现。

8世纪前的法兰克人身份

卢瓦河以北地区在6世纪和7世纪经历了一个与西班牙相似的过程，即多数人开始采用少数统治者的身份。由于这一地区远离帝国的文化和政治中心，所以，这个过程进展得比其他任何地方都更快和更彻底。无论克洛维的改宗是为了赢得高卢-罗马人支持以便与西哥特人对抗而特意采取的手段，还是为了应对东哥特人的霸权而精心计划的做法，抑或只是一位战士国王为寻求最大效力的神性而做出的个人决定，它无疑让法兰克人和罗马人的快速融合变得更加容易了。因此，当克洛维的子孙向东扩张霸权时，他们没有遇到任何族群或宗教冲突而造成的障碍。

罗马人和法兰克人的融合并不意味着把身份叠加起来的观念在法兰克人王国内消失了。在法兰克人的世界中，5世纪出现的、以人们对城市的本地自豪感为基础的地区身份依然存在。法兰克人的政变（coup d’état）并未采取任何消灭地区主义的措施，不过，成为法兰克人王国（Regnum Francorum）的成员为可能已经拥有的身份和忠诚增加了一个新的层次。克洛维和他的继承者们吸收了罗马帝国对城市的行政区划，并在帝国的老行政中心建立了自己的首都。因此，和古代晚期的情况一样，城市和当地的精英阶层依然是地区自豪感和地区身份的核心，不过，此时的本地精英既包括地区贵族后裔，也包括那些认同他们城市的法兰克人国王的代理人。墨洛温王朝的军队组织再次强化了这些地区身份，因为在军队的花名册中出现了由本地贵族率领的小分队。这样的军队组织形式还延长了罗马帝国晚期的其他身份形式，尤其延长了驻扎在高卢地区的蛮族军事单位的身份。这些小的聚居点由于保留了军事管辖权而得以在整个7世纪里保留一个特定的身份。因此，在巴约（Bayeux）的人听说过撒克逊人，在普瓦图（Poitou）的人听说过泰法尔人（Taifali），在朗格勒（Langres）的人听说过卡马维人（Chamavari），在贝桑松（Besançon）的人听说过苏格兰人（Scoti），在科特莱克（Courtrai）的人听说过苏维汇人。[28]

克洛维的王国不是法兰克人唯一的王国。它只是众多法兰克人王国中的一个。虽然克洛维及其子孙兼并了与他们竞争的其他法兰克人和东、南相邻的王国，但是他们与不同的地区身份达成了妥协，重要的表现就是，他们宁愿把重要的权力地位交给当地支持他们的人。最终，在6世纪兴起了三个法兰克人王国。第一个是纽斯特里亚（Neustria）王国，它占有以苏瓦松、巴黎、图尔和鲁昂（Rouen）为中心的西部地区，是最先开始抵抗并取代帝国统治的法兰克人王国。第二个是奥斯特拉西亚（Austrasia）王国，它不仅包括莱茵河以东的地区，还包括香槟（Champagne）、兰斯（Reims）以及后来的梅斯（Metz）。第三个是勃艮第王国，它囊括了从先前属于勃艮第人王国的罗纳河沿岸地区一直延伸到首都奥尔良（Orléans）的高卢大部分地区。

卢瓦河与莱茵河之间的地区一直是法兰克人的权力中心。这里的精英阶层打破家族血统和军队隶属关系的束缚，很快就开始以法兰克人作为自己的身份。到6世纪中期，就连为克洛维施洗的兰斯主教雷米乌斯的家族子孙们都已经起了法兰克人的名字，毫无疑问，这说明他们自认为，同时也被认为，是法兰克人。纽斯特里亚和奥斯特拉西亚的精英阶层也认为他们是同一个族群的人，他们之间极为残暴的战争甚至被视为内战而不是对外战争。可以肯定的是，这个族群的人受同一部属地法律的统治，也就是《萨利克法》(Salic Law)，这部法律首次被部分记录下来的时间是6世纪早期。[29]记录下来的法律起初是为克洛维的追随者们准备的，但到7世纪时，许多法兰克人统治者都对其进行了完善和扩充。7世纪下半叶，《萨利克法》已经被普遍认为是生活在法兰克人王国西部地区即纽斯特里亚的人们的法律了。

最终，在奥斯特拉西亚王国，另一个版本的王国法令和习惯法合并成了《利普里安法典》(Ripuarian Code)。《利普里安法典》(Lex Ribuaria)的最终版本是一个经过查理曼修订的加洛林王朝时期的文本，有人认为，完整的法典不可能早于8世纪晚期。[30]然而，这个文本表明了《勃艮第人法典》(Burgundian Code）和《萨利克法》对《利普里安法典》的影响，并提出了在已经成文的法典之外还存在一个没有被记录下来的利普里安法的可能性。所有这些都间接证明，奥斯特拉西亚王国作为法兰克人世界不断地区化的一部分，很可能在7世纪早期时就已经有某种法典。

在卢瓦河与莱茵河的边界之外，法兰克人的政治和军事组织创造出了新的地区身份。这些地区身份虽然部分程度上以当地贵族以及他们的罗马或蛮族传统为基础，却将他们转变成了新的社会和政治群体。在某些地区，例如勃艮第和阿奎丹，古老的法律传统和社会结构都被改造得可以适应法兰克人的新制度。在其他地方，法兰克人则指派管理者并强行推行法典。

法兰克人对勃艮第人王国的征服只是将这一地区变成从属于法兰克人的王国，并没有完全消灭原先的贵族阶层和他们的法律传统。443年左右，罗马指挥官埃提乌斯带领一支由多个蛮族组成的军队在汝拉（Jura）地区安营扎寨，这支军队统治了位于上卢瓦河的这片地区，并在5世纪晚期把统治范围扩张到了维埃纳①和里昂地区。517年，勃艮第国王西吉斯蒙德（Sigismund）颁布了一部名为Liber Constitutionum②的法典，这

① Vienne，位于现今法国南部。
② 拉丁语，直译为“法典”。

部法典是将早期的王国法令、勃艮第人的部分习惯法以及罗马的世俗法结合而成的。[31]它的核心是调节王国内蛮族居民和罗马居民之间的关系，不过，它也修改和扩充了罗马法律中只涉及罗马人之间事务的条款。这样一来，这部法典实际上将不是罗马人的居民聚合成了一个“族群”，而它本身也成为勃艮第人族群演化过程的证据和媒介。[32]到编纂这部法典的时代，西吉斯蒙德国王提到的populus noster（我们的人民）已经是指王国内的所有居民了，既包括罗马人也包括蛮族。

法兰克人征服者将勃艮第人王国并入了一个更大的王国，这个王国囊括奥尔良周围的大部分土地。与此同时，法兰克人尊重勃艮第人的社会和法律传统，让它们原封不动地历经了6世纪、7世纪和8世纪的变迁。甚至当墨洛温王国的司库与林务官发生争端闹上法庭时，在勃艮第首府索恩河畔沙隆（Chalon-sur-Saône）进行的审判，依据的依然是勃艮第人的战争审判法。[33]整个7世纪和8世纪，这一地区的贵族阶层警惕地保持着一种地区性的勃艮第人身份，这一身份被保存在在它独特的法律传统中。

这样的地区化在莱茵河以东被征服地区，以及阿勒曼尼亚、图林根和巴伐利亚表现得更加明显。墨洛温王朝的统治者们通过公爵来管理这些地区。公爵是具有法兰克人血统的地区指挥官，他们虽然凭借武力获得统治地位，却通过血缘纽带和庇护关系与当地贵族维持着一定的联系。这些公爵领地不是纯粹由大迁徙时代以来就存在的族群组成的；相反，法兰克人创造了这些公爵领地，他们通过塑造、分配和重建地区元素，使其成为新的领地公国。

卢瓦河以南，在法兰克人占领的阿奎丹和普罗旺斯地区，以本地贵族家族连续性为基础的地区身份使那些愿意“入乡随俗”的法兰克人统治者被同化了。结果就是，地区性的铁腕人物创建起强大的地区联盟，这些联盟名义上效忠遥远的法兰克人国王，实际上却在经营自己的事务。在这里，罗马法通过《狄奥多西法典》或像《亚拉里克摘要》一样的缩减版法典向所有人提供了一种统一的属地法律，伯爵和公爵（或者普罗旺斯的城市权贵）都发展出强大的地区身份。类似的过程也出现在莱茵河以东的地区，例如阿勒曼尼亚、图林根，尤其是巴伐利亚，在这些地区，法兰克人指派的管理者很快就和当地贵族融合在一起。紧张的局势肯定存在：一旦法兰克人的中央机构忙于应付自己的问题，强大的分裂运动就会制造出形同独立的公国。不过，这些分裂运动是贵族性质的，有反叛的法兰克人官员和当地贵族达成的联盟参与其中，但几乎没有受到民族主义情感或族群情感的推动。

因为每个地区都有自己的法律和自己的贵族阶层，但是都信奉正统基督教，都和中央的法兰克人政权连接在一起，所以各地区都创造出了强大的地区身份，这改变了族群话语的使用方法。4、5世纪，社会主要分为罗马人和蛮族两大阵营，这样的双元社会不仅被这两个阵营所接受，还被其他群体所接受，即使其他群体的存在已经表明这样简单的划分与现实十分不符。虽然“蛮族”一词在古典时期至少带有轻微程度的贬义，但是在古代晚期的军队中，帝国的蛮族同盟军却已经愿意将这一词语当作描述他们非罗马人身份的中性词，甚至是褒义词。因为，比起无数可能与个人家庭或军队挂钩的“部落”名，蛮族这一称呼意味着一种更加稳定的集体身份。然而，到7世纪早期，这样的区分已经变得毫无意义。罗马公民的身份失去了意义；社会阶层取代语言、习俗和法律成为各地区社会区分的标准；而且，除了占少数的犹太人，一个社会里的所有人都被同一种信仰联合在一起。因此，barbarus① 开始有了另一个新的含义——外来人，而且越来越等同于信仰异教的外来人。

在7世纪头二十五年写成的圣高隆邦（Colombanus）生平中，barbari 一词可以用来称呼信仰异教的阿勒曼尼人或者信仰阿里乌斯派的伦巴底人，但决不会被用来指代法兰克人或勃艮第人。[34] 如果基督徒被称作 barbari，这意味着，尽管这个敌人是基督徒，行事却和典型的异教徒一个样。比如，在8世纪讲述圣奥斯特雷吉塞尔（Austregisel）所行奇迹的书中，丕平一世（Pippin I）统领的法兰克人军队就被称作 barbari。这一称呼显然是一种对暴虐敌人的负面评价。

① 拉丁语，意为“蛮族”，复数形式 barbari。

蛮族从帝国里消失了，所以罗马人也绝迹了。有人也许认为这一现象发生得很快。6世纪的编年史家图尔的格里高利经常被看作高卢－罗马贵族的代表人物，但是，他从来不用这个词指代他自己、他的家庭或那些他认为在社会阶层和文化层面上与他相同的人。在描述3世纪之后的这些人时，他要么按照各地区的规矩称呼他们，要么就称他们为元老院阶层。格里高利的编年史中没有罗马人。[35]其他法兰克语材料对“罗马人”这一称呼的使用更加随意，圣徒生平开头的关于家族起源的公式化描述尤其如此。[36]到8世纪，“罗马人”一词已经成为一个地区性的称呼，它被广泛地用来称呼西部的阿奎丹人和阿尔卑斯山的拉埃提亚人（Raetians）。最后，到9世纪中期，法兰克人王国内“罗马人”一词的用法与伦巴底人王国内的用法变得完全一样，它成了来自罗马城的人的称呼。从此之后，西罗马帝国境内既不存在罗马人也不存在蛮族了。

新的蛮族世界

5、6世纪，由于伦巴底人和其他蛮族融入罗马帝国，他们留下的权力真空很快就被新的、不同的社会群体填补：撒克逊人来到莱茵河的东部和北部，阿瓦尔人和斯拉夫人则来到下多瑙河沿岸的地区。这些“新”蛮族用一种截然不同的、持久的方式，重新建立起已从帝国社会中消失的两极。

在这些新蛮族中，撒克逊人与作为前辈的法兰克人和阿勒曼尼人最为相似。从3世纪起，来自北海海岸的撒克逊海盗就已经劫掠帝国了，与此同时，也有撒克逊人小分队在罗马军队中服务。5世纪时，一群撒克逊人在奥多亚塞的率领下出现在高卢地区，据推测，奥多亚塞后来成了意大利的统治者。[37]与法兰克人和阿勒曼尼人一样，撒克逊人不是一个统一的"古老"族群，相反，他们分散成不同的群体，独立活动。人们普遍认为，"撒克逊人"这一称呼源自一种短的单刃剑或单刃斧，但是这种兵器对形成统一的自我认同没有任何帮助。因为，撒克逊人绝对不是唯一使用这种武器的战士，这种武器可能起源于匈人，而与撒克逊人的起源无关。[38]

在不列颠岛，罗马帝国的撒克逊人同盟军从当地人中招募成员，负责保卫岛屿的安全。但是，罗马军队于5世纪撤离不列颠岛之后，一些撒克逊人同盟军把自己变成了不列颠行省东部地区的主人。这些由战士组成的群体逐渐吸收来自大陆的其他机会主义者，例如撒克逊人、盎格鲁人、朱特人（Jutes）、法兰克人和弗里斯兰人，合并成若干小公国。这些小公国和罗马－不列颠人的公国都处于不稳定的状态，它们时而交战，时而结盟。撒克逊人起初信仰异教，但他们在7世纪时成了基督徒。他们的皈依不仅要归功于罗马传教士和爱尔兰修士，还要归功于当地的基督徒信众。与伦巴底人统治意大利时期的罗马人以及西班牙、高卢地区的罗马人一样，不列颠岛当地的基督徒信众与征服者相互融合，形成了一个新的社会。[39]

大陆上的撒克逊人则保持了分散的组织形式和异教徒的身份。他们似乎在6、7世纪时就已经与法兰克世界建立起某种关系，这种关系与两个世纪前法兰克人和罗马帝国的关系非常类似。法兰克人将撒克逊人视作一个依附于自己的群体，撒克逊人必须以提供家畜的形式向法兰克人进贡，或者为法兰克人防御更远的文德人（Wends）。有时候，墨洛温王朝的国王们还会对他们发动惩罚性的远征，这不禁让人想到尤利安皇帝对法兰克人和阿勒曼尼人的征讨。而另一些时候，撒克逊人会参加法兰克人军队的征战，比如，他们曾在8世纪早期时加入一个反对法兰克公爵查理·马特（Charles Martel）的联盟。[40]撒克逊人很可能用不同的方式看待他们自己以及他们与法兰克人的关系。8世纪晚期，也就是法兰克人国王查理曼统治的时期，他们不仅依然保持着强烈的独立性，还坚守着自己的宗教和传统。

如果说撒克逊人顶替了法兰克人和阿勒曼尼人在罗马帝国西部的地位，那么阿瓦尔人则取代了哥特人和匈人在帝国东部的地位。567年，为躲避突厥人（Turkic）在中亚的扩张，阿瓦尔人组成的草原联盟来到喀尔巴阡（Carpathian）盆地；558至559年，这个草原联盟向查士丁尼大帝派遣使者，希望通过协助帝国抵抗敌人来换取年金。[41]从很多基本方面来说，他们和公元第一个一千年里出现在欧洲的其他草原族群具有相似性。[42]这些牧民发展出了一种非常特殊的以畜牧生活为基础的生存模式，因此，他们可以在那些不适合人类定居的地区生存下来。由于要在季节性的迁徙中奔波数百英里，他们发展出了复杂的组织和交流形式。这些基于生态环境的需求又发展出了独特的政治形式和社会结构。对他们的生存来说，机动性、灵活性和骑兵战争都是必要的。不仅如此，由于与其他相似群体的联合也是生存的必要条件，所以，他们在很短的时间里就可以发展出若干个庞大的草原帝国。我们已经在阿提拉短命的匈人帝国中看到过这一现象。然而，阿瓦尔人与之前的草原族群不同，他们有能力将自己从普通的草原族群转变成相当中央集权的、制度化的、多族群的王国，而且，这个王国在拜占庭与西部众多王国的夹缝中，历经胜利与失败，存在了两个半世纪。

阿瓦尔人之所以能取得这样的功绩是因为他们设法控制了罗马帝国沿巴尔干半岛边界上的不同群体，并且以非同一般的程度垄断了"阿瓦尔人"这一称呼。在大约二十年的时间里，阿瓦尔人的统治者或者说可汗（khagan）柏伊安（Baian），与乌格提尔人（Utigurs）、安特人（Antes）、格皮德人和斯拉夫人进行战争，直到创建了一个庞大的、多族群的联盟。随着伦巴底人的离开，柏伊安在潘诺尼亚确立了稳固的统治权。582年，他夺取了古老的伊利里亚人的首都塞尔曼（Sirmium）。他的儿子们感到自己已经足够强大，可以来挑战君士坦丁堡了。626年，一支由阿瓦尔人骑兵和斯拉夫人战船组成的庞大军队，在盟友波斯人的配合下，开始对这座城市发动进攻。围城持续了一个多星期，以阿瓦尔人的失败而告终。这样的灾难原本意味着阿瓦尔人联盟的终结。尽管一些从属于阿瓦尔人的群体在战败后确实试图与其分道扬镳，但是联盟的核心还是保留下来了，不过，它已经被大大地削弱。一个世纪之后，阿瓦尔人的骑兵向西入侵巴伐利亚和意大利，直到遇到他们的克星——查理曼。查理曼打入了地处现代匈牙利的阿瓦尔王国的核心，摧毁了阿瓦尔人维持多族群联盟的能力。因此，在没有大规模战争的情况下，仅仅一代人的时间，阿瓦尔人就从历史上消失了。

虽然阿瓦尔人联盟没有在从奥地利东部到匈牙利的这一地区留下太多印记就消失了，但是，它对中欧和东欧快速而彻底的斯拉夫化起到了重要的作用，以至于斯拉夫化成为中欧和东欧延续至今的一个重要现象。

5至7世纪间，斯拉夫人开始统治从波罗的海到地中海的地区，包括所谓日耳曼尼亚地区的东部以及黑海周边的帝国行省。这一转变是悄然发生的，既没有产生像阿提拉、狄奥多里克和克洛维这样伟大国王的故事，也没有冒险的迁徙和孤注一掷的战役。斯拉夫人没有为这一过程留下书面证据，作为旁观者的拜占庭人和拉丁人对这一过程内在动力的记录和理解比对发生在西欧的日耳曼人族群演化过程的记录还要少。然而，斯拉夫化的影响却更为深远。

在西欧，罗马帝国的蛮族同盟军吸收了帝国的管理制度、宗教制度和殖民制度。他们最终变成了彻头彻尾的罗马人，甚至完全改变了“罗马人”的含义。相反，斯拉夫移民既没有采纳也没有依靠罗马人的税收制度、农业、社会组织和政治体制。他们的体制不是建立在罗马模式基础上，而且他们的领袖通常也不会为了个人成功而依靠罗马的金钱。因此，他们产生的影响比哥特人、法兰克人或撒克逊人曾经产生的影响都要深刻得多。关于早期斯拉夫人的所有信息，他们的起源、社会和政治结构、惊人的成就，一直以来都是一个谜。

直到今天，学者们还对斯拉夫人“老家”这一问题争论不休。探求斯拉夫人的起源很可能与探求易北河东部地区其他蛮族的起源一样，都是没有意义的。后者是在穿越斯基泰人（或萨尔马提亚人）和日耳曼人混居区的过程中形成的，他们当中的军事精英组成了日耳曼军队，开始向帝国进发，而其他人则被留在了当地。最新的研究令人信服地提出，斯拉夫人的“诞生”发生在拜占庭的边境沿线，受到了拜占庭军队的影响和来自拜占庭的经济压力，这与几个世纪前法兰克人和阿勒曼尼人在帝国西部莱茵河畔“诞生”的情况差不多。[43]但是，斯拉夫文化与土地更为亲近，对农业的依赖更加强烈，与快速迁徙的法兰克人和阿勒曼尼人军队相比尤其如此，这两者在成为罗马帝国的同盟者之后又变成了罗马帝国的征服者。斯拉夫人凭借着轻犁、小规模的农业和小而相互独立的社会单位，不仅成功地成了负责征税的军队，还成了在所占领土地上耕作的农民。

接下来，我们来看看斯拉夫人的征服行动。他们的扩张虽然缓慢，但却猛烈，他们将当地居民吸收进了斯拉夫人的语言和社会结构中。但是，这样的扩张不仅不协调，还非常分散。到中世纪早期时，尽管斯拉夫人的语言和物质文化在整个东欧表现出显著的统一性，但是，这种统一性与本地政治集权普遍十分缺乏的现象基本并存。根据6世纪拜占庭史家普罗柯比乌斯的描述，斯拉夫人“并不受某个人的统治，很久以来，他们生活在民主体制之下，因此，所有涉及公众利益的事情，无论是好是坏，都要征求民众的意见”[44]。权力分散也许是他们成功的关键所在。没有国王或众多的首领，他们之间就不会为了合作而相互收买，也不会为了击败并迫使对方臣服而相互斗争，这样一来，拜占庭帝国也就没了将他们摧毁或同化进帝国体系的希望。

整个7世纪，既是战士又是农民的斯拉夫人逐渐跨越多瑙河，进入巴尔干地区。这一过程发生的具体年代无法考证，而且也必然模糊不清，因为这个过程不仅非常零散还充满变化，它既无法被追溯也无法被文献证明。拜占庭发动的反击带来了个别的逆转，但无法阻止如此浩大的进程。与两个世纪前日耳曼人对被征服者造成的影响不同，斯拉夫人的征服不仅仅意味着税收被转移到征服者的手中。斯拉夫人要么杀死被俘虏的士兵，要么就用他们换取赎金。那些幸存下来的人们不是逃跑，就是被吸收进斯拉夫的农民群体中。在这样一个由士兵和农民构成的社会里，不存在第三种选择。

当斯拉夫人接受了大规模等级化的组织形式时，他们就几乎不可避免地要从外部引进领导体系。他们可以选择日耳曼人式的首领也可以选择中亚式的首领，因为这两个族群演化的模式为斯拉夫人实现更强有力的中央集权化以及个人对群体更强有力的依附提供了可能性。阿瓦尔人在这一过程中起到了重要作用。

在阿瓦尔人到来之前，从易北河到下多瑙河的这一宽广地带就已经开始了斯拉夫化的过程。阿瓦尔人的殖民行动增加了斯拉夫人对拜占庭边界的压力，因为斯拉夫人想要避开这个新兴的草原帝国。这也许可以解释，6世纪下半叶，斯拉夫人入侵希腊半岛之后，为什么会有听命于阿瓦尔人的斯拉夫军队紧随其后。其他斯拉夫人被吸收进阿瓦尔人中，并永远地成为阿瓦尔人王国的一个组成部分。阿瓦尔人要求斯拉夫人在冬季供养他们，给他们提供马匹、生活用品、女人以及所有他们想要的东西。战时，阿瓦尔人将从属于他们的斯拉夫人当作步兵，而在君士坦丁堡围城期间，他们则将斯拉夫人用作水军。尽管如此，阿瓦尔人似乎也愿意以更为节制的方式对待斯拉夫人中的某些群体，他们给斯拉夫人首领一些礼物，换取他们的军队和支持。拜占庭史家们将斯拉夫人描述为受到阿瓦尔人压迫的臣服者；西方的观察者们则更倾向于将阿瓦尔人和斯拉夫人描述为盟友，而不是统治者和被统治者。这两种描述很可能都是正确的。

阿瓦尔人的政治和军事体系为某些斯拉夫群体提供了族群演化的背景。7世纪早期，很可能是在626年阿瓦尔人围攻君士坦丁堡失败的余波中，阿瓦尔人王国周边的许多地区爆发叛乱，产生了一些自治的政治组织，它们位于阿瓦尔汗国、西部法兰克人和东部拜占庭的中间地带。

在可能是现今捷克共和国的这一地区，一个名叫萨蒙（Samo）的法兰克人将一群血统混杂、曾经反叛过阿瓦尔人的斯拉夫人组织成一个强大的联盟。根据来自西方的原始资料的记载，这些斯拉夫人选举萨蒙为国王，他统治斯拉夫王国长达三十五年。[45]跟随萨蒙的斯拉夫人是在阿瓦尔人626年围攻君士坦丁堡失败之后脱离阿瓦尔人联盟的，他们的这次反叛很可能只是阿瓦尔可汗在失败后遭遇的多起反叛中的一起。

像克罗地亚人和塞尔维亚人这些在10世纪为人所知的群体，很可能也诞生于阿瓦尔汗国内部发生危机的这一时期。我们无法完全了解克罗地亚人的早期历史，只能依据君士坦丁七世皇帝（Constantine Prophyrogenitus，905—959）的描述构建他们的历史。[46]君士坦丁七世为他的继承者撰写了一部关于如何管理帝国的书。这本书对帝国的斯拉夫邻居们给予了特别的关注。撰写这本书时，君士坦丁七世不仅依据了当时的经验，还引用了几个世纪前的帝国档案，这些档案现在已经遗失。我们无法确认他记录的情况具体发生在什么时间，甚至也无法弄清楚他书中的记述是否真实。君士坦丁七世提到两股克罗地亚人：生活在法兰克人附近的“白”克罗地亚人和生活在达尔马提亚的克罗地亚人。他提供了一个虚构的克罗地亚人谱系：根据这个谱系，克罗地亚人曾经生活在“巴伐利亚之外”；一个由四兄弟和两姐妹组成的家庭与其他克罗地亚人分离，带领追随他们的人来到达尔马提亚，他们在这里打败阿瓦尔人之后进一步分化成多个不同的群体。事实上，在前阿瓦尔人汗国周边的许多地区都可以发现“克罗地亚人”这一称呼，这些地区包括现代的德国、捷克共和国、奥地利、摩拉维亚、斯洛文尼亚、希腊以及现代的克罗地亚。想要论证这些群体在阿瓦尔人到来之前就有某种族群统一体的尝试已经被证明行不通。

可以肯定的是，9世纪中期之前，“克罗地亚”一词并没有作为一个族群或部落的名称出现在任何材料中。这个词原本很可能是对一个社会阶层的称呼，或者是阿瓦尔人汗国里一个地区性官职的头衔。[47]这种解释可以说明为什么这个不是斯拉夫语的词最终可以用来指称一个斯拉夫“族群”，而且还不会让人们以为从前曾经有过一个不说斯拉夫语的克罗地亚人群体。它还对为什么“克罗地亚人”会出现在阿瓦尔汗国的两端做出了解释，而且，这种解释不会让人们误以为是大迁徙造成了这样的情况，也不会让人们以为这个情况是两个兄弟分别在两个地方创立了克罗地亚人的两个部分而造成的。这些脱离了阿瓦尔人的群体被他们的领导阶层或阿瓦尔人王国的机构认为是“克罗地亚人”，他们很可能在8世纪和9世纪期间逐渐地联合成了相互独立的政治实体。这些政治实体具有一种虚构出来的族群身份和一种想象出来的谱系。

正如君士坦丁七世假定“白”克罗地亚人与达尔马提亚的克罗地亚人存在一定联系一样，他提出塞尔维亚人源于“白”塞尔维亚人，“白”塞尔维亚人生活在匈人的土地之外，与法兰克人王国和白克罗地亚毗邻。[48]君士坦丁七世还记述了一个关于血统谱系的传说：两兄弟各自带领一半的塞尔维亚人向希拉克略（Heraclius）皇帝寻求庇护。这位皇帝将塞尔维亚人安置在塞萨洛尼基（Thessaloniki）省。后来，他们决定返回故土，当他们向希拉克略皇帝在贝尔格莱德（Beograd）的指挥官发出请求时，该指挥官将现在塞尔维亚所在的这片土地赐给了他们。和关于克罗地亚人起源的传说一样，这个传说将塞尔维亚人的诞生放在了阿瓦尔人围攻君士坦丁堡惨败后的这段时间里；它解释了塞尔维亚人出现在阿瓦尔人王国两端的原因，解释了这个新“族群”带着一个非斯拉夫语的名称出现在巴尔干的原因。这个传说并未挖掘出塞尔维亚人起源的历史证据，它可能应该被看作君士坦丁堡惨败之后造成阿瓦尔人汗国分裂的离心力的一个部分。

关于保加尔人，我们看到了一个类似的起源说。5世纪起，罗马人就在黑海周围遭遇了若干以保加尔为名的族群。在罗马人眼中，保加尔人和其他名称中带gur的族群，例如库提格尔人（Kutrigurs）、欧诺古尔人（Onogurs）和乌古斯人（Ogurs），都属于匈人，也就是说，罗马人认为他们都是来自中亚的草原战士。但是，在626年君士坦丁堡围城失败的余波中，反叛阿瓦尔可汗的人通常都被称作保加尔人。和克罗地亚人的情况一样，保加尔人的多样性又一次通过一个关于五兄弟的传说得到了解释：7世纪30年代反叛阿瓦尔人的欧诺古尔人库弗拉特（Kuvrat）有五个儿子，他们挣脱阿瓦尔人的控制，将黑海周边的保加尔人团结了起来。与此同时，一些保加尔人因反叛失败，从阿瓦尔人王国的西部地区逃亡到巴伐利亚，他们首先受到了法兰克人国王达戈贝尔（Dagobert）的欢迎；后来，在为了过冬而分散之后，他们受到国王敕令的打击和杀害。[49]在接下来的一代人里，保加尔人首领库沃（Kuver）反叛了阿瓦尔人，他的追随者是由罗马囚犯的后裔组成的混合群体，这些人从五十年前起就定居在阿瓦尔人王国南部到塞萨洛尼基的地区。[50]库弗拉特、库沃和克罗地亚这些名字也许都起源于某个称呼，它们可能在7世纪才被用来指代个人或族群。无论如何，这些群体——组成萨蒙王国的人、克罗地亚人或库沃的保加尔人——都不是在反抗阿瓦尔人统治之前就存在的族群。相反，他们是在反对阿瓦尔人的过程中产生和形成的族群，但是，在某种程度上，他们都从他们的统治者那里借鉴了组织制度或原则。

接下来的几个世纪，这些带有非斯拉夫语名称的群体——这些名称也许来自阿瓦尔人的头衔——从反对阿瓦尔统治者的政治单位发展成了“族群”，具有了在血缘上有根据的血统神话，这些神话不用政治组织的话语而用族群的话语来解释他们的血统。

8世纪早期，在罗马帝国原先的土地上，政治身份替代族群身份构成了人们的特征。对那些值得被当时贫乏的书写资料记录下来的重要人物来说，他们对一个地理定义上的王国的认同不仅决定了他们怎样被其他人称呼，还在很大程度上决定了他们如何描绘自己。当然，这些用来描绘他们的词语都起源于几个世纪前，不过，这些词所表示的社会现实早已变得截然不同。“法兰克人”指的是法兰克人王国里的精英阶层，“伦巴底人”指的也是意大利北部的精英阶层，而西班牙的“哥特人”在711年柏柏尔人和阿拉伯人军队占领伊比利亚半岛之前指的也是西班牙的精英阶层。“撒克逊人”指的是英格兰众多王国里的自由民。“罗马人”要么指那些生活在教宗或拜占庭控制之下的意大利地区的居民，要么就是指卢瓦河以南高卢地区的居民。地区身份显然依旧非常重要，就和它之前一直非常重要一样。法兰克人统治者控制了图林根人、巴伐利亚人、弗里斯兰人和阿勒曼尼人，但是，用来表示这些群体的词都是省的名称而不是部落的名称。

在这些稳定的政治实体之外，世界与5世纪时的世界更为相似了。“撒克逊人”作为一个集体名词指代那些分散的、不信仰基督教的日耳曼人族群，他们居住在法兰克人世界的北部边境，而在东部，一个庞大的、多族群的阿瓦尔人帝国将拜占庭和西欧连接在一起，产生了“新”的族群，例如克罗地亚人、塞尔维亚人和保加尔人。这些群体——撒克逊人、阿瓦尔人以及他们的子孙——构成了新的蛮族，他们成为欧洲仅存的蛮族，就像居住在罗马的人成了仅存的罗马人一样。

第六章

走向新的欧洲族群

到8世纪初，当人们继续使用一些最先出现在古代晚期的古老族群的名称时，这些名称的内涵和意思早已发生了剧烈的变化。整个欧洲范围内出现了相对稳定的王国，虽然这些王国以古老“部落”的名字作为自己的标签，但是以这些标签命名的社会群体却包含了王国内的所有基督徒。甚至连当时的人们也无法区分用来描述族群、政治和地域的词语。Regnum Francorum① 并不完全等于以 Francia② 为名的这一地区。一位僧侣可能会将 Germania③ 翻译为 Franchonoland④。[1]同时，Francia 和 Gallia⑤ 可以互换使用。撒克逊人、奄蔡人和分布于高卢地区

---

① 拉丁语，意为“法兰克人的王国”。

② 拉丁语，法兰克人居住的地方。

③ 拉丁语，欧洲中北部日耳曼人居住的地区。

④ 古德语，意为“法兰克人的土地”。

⑤ 高卢的拉丁文写法。

的其他族群在高卢创建了小型的军事聚居地，从5、6世纪开始，他们就保持某种军事身份，但是，8世纪初，这些军事聚居地几乎全都消失了。族群又一次回归到普林尼所说的含义——族群不是社会或文化群体，而是地区和政治组织的领土单位。

柏柏尔人和阿拉伯人在711至712年间迅速占领西班牙，改变了比利牛斯山以南的格局。一方面，在西哥特人皈依正统基督教之后，宗教就不是伊比利亚人身份的重要因素了，但是，在柏柏尔人和阿拉伯人占领西班牙之后，宗教重新成为伊比利亚人身份的一个重要的、新的、独特的要素。另一方面，尽管穆斯林征服者们没有同心协力地改变基督徒和犹太人的信仰，但是，在西班牙被征服之后不久，当地的精英阶层就开始改信伊斯兰教了，以至于到10世纪时，西班牙已经成为一个穆斯林占多数的社会。

在其他地方，到8世纪20年代时，原先属于西罗马帝国的地区已经发展出许多自治的小王国，它们由一些小诸侯或带有公爵头衔的地区强人统治，公爵这一头衔强调他们拥有独立的军事指挥权这一事实。在欧洲大陆上，一些拥有公爵头衔的家族在法兰克人原先的核心地区纽斯特里亚保留了墨洛温王朝的傀儡国王。但是，在东法兰克人占有的奥斯特拉西亚地区，一个突然崛起的公爵家族在政治竞技场里占据了优势，还宣称对西部地区拥有统治权。法兰克人王国的其他地区则走上了自己的道路：在阿奎丹和巴伐利亚，拥有自治权的公爵们草率地宣称自己拥有王权；在布列塔尼、弗里西亚（Frisia）、萨克森（Saxony）、图林吉亚（Thuringia）、阿勒曼尼亚、勃艮第和普罗旺斯，公爵或类似公爵的贵族们拥有统治权，他们有时以墨洛温家族的名义实行统治，有时则骄傲地对墨洛温家族报以鄙视。这些政治单位不仅与瓜分了意大利中部和南部的、享有自治权的伦巴底公爵领地相似，还与为盎格鲁－撒克逊人的英格兰和威尔士创造了政治框架的小王国具有相同之处。本地政治精英把持了各地的小型政治实体。他们的地位也许在当地的权力结构中引起过激烈的争论，但他们之间的竞争是以贵族内部的斗争为基础，而不是以文化或族群的分化为基础。由此看来，地区主义似乎取得了胜利。

在8世纪后来的时间里，法兰克帝国向东、向北和向南扩张，囊括了低地国家的大部分地区、德意志的西部和中部、伦巴底王国以及加泰罗尼亚，这些扩张行动也许曾被寄予融合族群、政治和地区身份的厚望。然而，加洛林王朝国王们治下的法兰克王国发动的这些扩张战争在欧洲给族群区分和法律区分引入了一个构成帝国基石的新要素。

新崛起的奥斯特拉西亚公爵家族，花费超过一代人的时间——从丕平二世（Pippin II）到他的儿子查理·马特——击败纽斯特里亚的敌人，巩固了对法兰克人传统核心地区的控制。接着，他们开始征服和兼并周边的公爵领地。为实现这一目标，他们一面发动残忍的军事行动，一面收买当地贵族中的某些派别：他们不仅许诺与当地贵族共享权力，还承诺当地贵族的统治地位受到当地法律的保护。这样一来，莱茵河以东地区被作为公爵领地纳入法兰克人控制之下，它们的法律受到法兰克人的认可，保护了它们从属却显著的特性。虽然这些法典一定程度上利用了当地的传统和公认的地区性习俗，但是，它们主要依赖于法兰克人的权威。

这些法典中的大部分内容是在8世纪加洛林王朝的命令下编纂而成的。但是，它们宣称自己拥有更长的历史，它们把法典的历史追溯到了墨洛温王朝权力的顶峰时期，也就是克洛泰尔二世（Chlothar II，584—623年在位）和达戈贝尔一世（Dagobert I，623—639年在位）的统治时期。因此，在当地社会被允许保留自己的法律身份时，这个身份实际上正处于形成的过程中。为了赋予这个身份合法性，人们通过给它带上古老的光环而把它投射到了一个遥远而神秘的过去。举例来说，巴伐利亚人法典的前言宣称，这部法典早在7世纪伊始，伟大的达戈贝尔国王统治时期就已经拟定。也许巴伐利亚人确实从7世纪起就有了某种法律传统，但这部法典表明，拥有古老法律传统的这一说法是8世纪的产物。其他法典也有类似的仿古前言，它们也许模仿了以前法律的某个要素，这在很大程度上掩饰了这些法律汇编是近期产物的事实。[2]

在莱茵河以西的勃艮第、普罗旺斯、塞蒂玛尼亚（Septimania）和阿奎丹，加洛林王朝采取了类似的政策。在这些地方，与加洛林王朝合作的精英阶层，在承认法兰克人统治的前提下，保留了罗马人、勃艮第人或哥特人的法律，因而也得以保持了自治性。这些地区毗邻穆斯林治下的西班牙和伦巴底，当地精英阶层对法兰克人做出的保证非常重要，因为当地人的合作态度是法兰克人获得稳定的必要条件。

但是，法兰克人的法律政策还对自己产生了另一个方面的影响。虽然法兰克人保证新近被兼并的帝国地区可以保留它们的法律传统，但是法兰克人的法律政策还允许国王的代表在任何地方行使法律自主权。因此，生活在这些边远地区的王国官员和士兵们并不需要遵守当地的法律习俗。和19世纪帝国派出的欧洲代表一样，他们无论去到哪里，都享有治外法权的法律地位。这个“国籍管辖原则”在法兰克人于773年至774年征服伦巴底王国时经历了一次重要的扩展。作为“殖民者”的法兰克人、勃艮第人和阿勒曼尼人很快就在被征服的伦巴底王国地区立足了，他们骄傲地保持着独特的法律地位，并将其留传给后代。这样一个由不同法律体系组成的“大杂烩”要求每个出现在法庭上的人声明他或她所适用的法律，而这些法律在加洛林王朝的政治体系不复存在之后依然存在。进入11世纪，一些家族仍然骄傲地宣称自己拥有独特的法律地位，即使他们与其祖先来源地的联系早已消失殆尽。

笼络地方精英阶层是加洛林王朝地区管理政策的重要内容。在确保地方精英享有公共地位和独特法律的同时，加洛林王朝还在广阔的帝国疆域里设立帝国政府的代表。通过这一政策，加洛林王朝创造出了一种新的欧洲族群观念。这样的族群身份更多地建立在法律特权之上，而不是血统和文化之上。它不是整体性地给族群下一个定义，而是以某些权利来定义族群。

这种有限制的法律身份形成于加洛林帝国扩张的背景中，在加洛林帝国之后依然存在。它成为斯拉夫世界在12、13世纪殖民开拓过程中采用的模式，当“撒克逊”农民被允许持有土地并依照他们的法律生活时，他们就像是刚刚被“平定”的东部地区里的孤岛。经过一段时间之后，宣称遵守撒克逊人或日耳曼人法律的权利变成了一种特权，这种特权可以被授予任何人，无论他的血统如何。[3]

然而，在加洛林帝国的政策给老标签赋予新含义的同时，加洛林时期的思想意识还为这些老标签发明了古老的家族谱系。正如新编纂的地区法律强调自身的古老性，加洛林时期的历史编纂对这些新的社会和法律实体（不仅包括法兰克人，还包括伦巴底人和其他的社会和法律实体）的早期历史表现出了显著的兴趣，并把它们的起源投射到遥远的过去。这样一来，当加洛林帝国体制宣称法兰克人的普遍性和神圣使命取代罗马人的普遍性和神圣使命时，它借由多个族群的家族谱系发明了法兰克人的正当性，也就是法兰克人的“想象的共同体”。这项发明是成功的，它比法兰克人帝国的寿命还要长一千多年。从十字军时代到20世纪，希腊人和穆斯林一直用“法兰克人”一词称呼所有西欧人。

作为结论的一些思考

在接下来的总结里，我们会看到，一些现在用来表示“族群”的标签在历史上是怎样被不连续地使用的。尽管古典时期的民族志作者们深刻地意识到了他们所处社会的多样性，但是，他们还是欣然地将半自然的生物性的图像投射在“他者”，也就是“蛮族”身上。有人可能想知道，存在于罗马世界边缘的那些社会群体和政治实体是否在由罗马观察者们制造的刻板印象中认出了自己。不管怎样，从4世纪起，军事集团就盗用了这些标签，并通过它们号召人们采取统一行动。因此，这些族群名称不是在描述族群而是在提出要求，要求建立一个统一体，这个统一体的首领希望垄断并体现出与族群名称相关的传统。在盗用一些已经消失的传统的同时，这些首领又发明了一些新的传统。这些新传统的表现形式有：与王室有关和与神有关的家族谱系、传说的战役以及与族群有关的英雄事迹。

一些军事集团在罗马帝国的行省中成功地实现了制度化，这给这些名称的用法以及它们所表示的社会情况带来了巨大的变化。在取得胜利和实现地方化之后，这些军事集团提出了前文所说的要求，这些大胆的要求创造了他们想要的现实。在几代人的时间里，有着不同历史、价值观和文化的社会和政治群体认可了胜利者有为他们阐明一个共同历史的权力。族群的神话——同属一个族群的人拥有共同的血缘和共同的历史——更多地受到古典时期有关族群特征的思想的影响，而不是本地口头传统的影响。这些神话掩盖了古代晚期社会的特征——固有的不连续性和多样性。

8、9世纪发生的地方化和征服不仅笼络了地区精英阶层，还造福了帝国在各地区的代表，他们的地位和特权不仅受到新形式的属人法的保护，还被掩藏在一种喜爱古物的兴趣中，这种兴趣关注不确定的古老历史，这些历史能够提供一个将他们与其他人区别开的意识形态。

以上所说的这些与我们在本书开篇提及的重现于当代的族群民族主义有什么关系呢？简单地回答，“没什么关系”。依照理论家们幼稚的观点，发生在古代晚期的剧烈变动和错综复杂的情况是另一个世界的事情。然而，这个答案过于简单了。当代民族主义者引用历史时，他们的历史观是静止的。他们关注“他们的族群”最初占领欧洲的时期，也就是这些族群最初来到罗马帝国的断垣残壁上，建立起神圣领土和民族身份的时期。这种历史观恰恰是反历史的。古代晚期和中世纪早期欧洲族群的历史不是关于最初时刻的故事，而是关于一个连续不断的过程的故事。它是一个关于盗用和篡改历史上继承下来的名称和表述来创造现在和未来的故事。持续不断的变化、固有的不连续性以及政治和文化的曲折发展构成了这段历史的内容，其中，政治和文化的曲折发展被不断盗用老词来定义新情况的做法掩藏了起来。“起源于克洛维受洗”的法兰克人不是查理曼的法兰克人，也不是让·勒庞想要用他的政治运动团结起来的法国人。生活在阿瓦尔帝国残存遗迹上的塞尔维亚人既不是1389年在科索沃战役中被击败的人，也不是在斯洛博丹·米洛舍维奇号召下拥护民族扩张的人。米洛舍维奇领导塞尔维亚人迫害的阿尔巴尼亚人并不是6世纪巴尔干地区的伊利里亚人。这个过程没有结束：欧洲的族群现在是，并将永远是，一项正在进行中的工作。

同时，欧洲族群的历史本身还是欧洲族群观这一问题的组成部分。我们历史学家必须对制造族群永存神话的行为感到惭愧，这些神话既顽固又危险。由于我们构建了一个关于欧洲族群连续的、线性的故事，我们证实了军事指挥官和政治领袖们关于他们确实吸收了族群古老传统的言论。由于我们把古代晚期和中世纪作者们创造的族群神话当成历史事实，我们也常常向人们传播并让人们记住军事指挥官和政治领袖们的言论。在我们考查欧洲起源的最后，让我们试着暂时放下对西方的关注，仔细看看另一个大陆上的另一个族群。让我们来对欧洲族群与祖鲁人(Zulu)——非洲众多伟大族群中的一个——做一个比较。

和欧洲人一样的祖鲁人

要想修正那些被人们广泛接受的关于欧洲族群的认识，就必须克服一个基本障碍：由于这些观念早已深入欧洲人的意识，所以，它们不被认为是人们对历史重建的结果，而被当作民族身份中不证自明的、必要的组成部分。它们不在历史学领域之内，而存在于如神话般强大的集体记忆里。对欧洲族群身份的臆想和困惑已经累积了几个世纪，要想从它们中逃脱就要尝试着，至少暂时尝试一下，跳出欧洲。为了达到这个目的，我们将考察遥远地域上另一个族群的诞生过程，即南非洲的祖鲁人。但是，我们将会看到，改变一个人的地理视角比改变一个人分析时使用的分类方法要容易得多。

由于诸多相同的原因，尝试理解祖鲁人的早期历史和尝试理解欧洲各个族群的早期历史会引发一样的问题。祖鲁人和法兰克人、哥特人或塞尔维亚人之间的相似之处体现在两个方面。首先，最早记录祖鲁人迁徙历史的文献受到的影响与犹太教－基督教传统以及古典传统产生的影响相似。因此，关于祖鲁人族群演化的“经典”叙述包括了我们可以在欧洲历史中看到的神话主题、文学主题和古典主题。产生这种相似性的原因在于，最先尝试写作祖鲁人历史的人是来自欧洲的传教士，他们在《圣经》和古典时期关于族群演化的话语中浸淫已久。在这种状态下，他们与6世纪、7世纪和8世纪的“蛮族历史的叙述者们”没什么两样，他们以相似的视角讲述了相似的故事。[4]

其次，甚至在祖鲁人“民族史”作者们的臆想和推断被去除之后，祖鲁人族群演化的另一个样貌与关于欧洲族群演化更现代和更科学的分析仍具有各种惊人的相似性。这些相似性表明，欧洲内外除了都有关于创世纪的神话，还可能存在某些相似的社会和政治力量影响了这些非常不同的社会的诞生。此外，它们也许还表明，虽然构念和类比可能意味着对事实的扭曲，但它们是历史理解力不可或缺的组成部分。

当一些欧洲人看到他们的族群和政治群体的起源与一个非洲南部族群的起源有着密切联系时，他们也许会感到生气。对很多人来说，生气的原因与其说是种族主义，倒不如说是一种深入人心的信念—— 一个非洲族群的“历史”也许仅仅是一个文化概念，但欧洲人的历史无论如何都是“真实的”。我想请读者们将自己的文化沙文主义暂停一会儿，接受你们与数以万计的南非人之间没有区别的这种可能性：南非人将自己的起源追溯到了祖鲁民族的创建者恰卡·辛赞格科纳（Shaka KaSenzangakhona），他在祖鲁人历史中的地位与克洛维之于法国人、克罗巴托斯之于克罗地亚人和伊斯贝里克之于保加利亚人（Bulgarians）是一样的。

祖鲁人是非洲南部众多族群中规模最大并最具自我意识的族群之一。因卡塔自由党（Inkatha Freedom Party）曾经是祖鲁人的一项文化运动和一个政治党派，通过它，数量在五百万左右的祖鲁人将他们的影响力扩展到了夸祖鲁黑人家园（KwaZulu homeland）之外。夸祖鲁黑人家园是白人在1971年建立的种族隔离区，也就是今天的夸祖鲁－纳塔尔省（KwaZulu-Natal province）。祖鲁人的身份与关于这一身份的历史记忆紧密地联系在一起。这个记忆可以追溯到1830年，那时的祖鲁人王国是非洲大陆南端由非洲人建立的最强大的独立国家，它的历史可以从19世纪初期向前一直追溯到17和18世纪。这样的记忆对欧洲人来说应该特别熟悉。

然而，祖鲁人的历史之父却不是祖鲁人。事实上，基督教传教士阿尔弗雷德·T. 布莱恩特（A. T. Bryant，1865—1953）才是祖鲁人历史之父，他在恰卡·辛赞格科纳去世几十年后首次写下了一部连续的祖鲁人历史。根据布莱恩特的记述，祖鲁人的历史始于16世纪恩古尼人（Nguni）的迁徙：当时，祖鲁人的祖先还属于恩古尼人，恩古尼人从北部和西北部迁入非洲的西南部，根据一些祖鲁人的说法，这些人可能是从现代的苏丹（Sudan）开始迁徙的。在恩古尼人向南移动的过程中，他们分化成许多“氏族”，这些“氏族”构成了基本的政治和社会单位。它们是同一个祖先的后裔，并且都由这个祖先的直系继承人统治。16世纪早期，恩古尼人在上瓦尔河（upper Vaal River）地区定居，他们在那里分裂成了两支。一支恩古尼人首先向西北部迁徙，后来被正从北向南迁徙的索托人（Sotho）吞并。另一支恩古尼人被认为包括了更加纯粹的恩古尼人氏族，有恩吞格瓦人（Ntungwa）、姆博人（Mbo）和拉拉人（Lala），他们共享一个共同的起源和文化；他们向南迁徙，进入蓬戈洛河－姆金库陆河地区（Phongolo-Mzimkhulu region），并几乎同时在那里定居下来。恩吞格瓦人定居在现今祖鲁人的核心地区，并建立起众多氏族，这些氏族由基本上相互独立的酋长领导。1670年左右，一位氏族首领马兰德拉（Malandela），或者他的家族，跨越姆蓬奔尼河（Mpembeni）和姆坤巴纳河（Mkumbane），翻越姆同贾纳伊山（Mtonjanei），进入姆弗勒山谷（Mfule Valley）。几代人之后，一个名叫祖鲁的人在这里诞生，他是马兰德拉的后裔，是祖鲁氏族的同名创建者。

在18世纪的某个时间，一些酋长突然开始集中政治权力，侵吞和控制邻邦的土地。这一快速变化的原因也许是生态变化或人口增长导致的食物供应不足。这一变化的发生还因为出现了一些特别有天分和有野心的首领，恰卡·辛赞格科纳就是其中最为杰出的代表。他作为祖鲁人的首领与姆提特瓦人（Mthethwa）的首领丁吉斯瓦约（Dingiswayo）一起征服了几乎所有与他们毗邻的氏族，并招募青年男性组成祖鲁军队。唯一逃脱被征服命运的是恩德旺堆人（Ndwandwe），他们构建了一个带有扩张主义的高度集权和军事化的社会，这个社会与祖鲁人的社会类似。1817年左右，恩德旺堆人击败姆提特瓦人，杀死了丁吉斯瓦约。

丁吉斯瓦约死后不久，恰卡击败恩德旺堆人，并通过一系列速战速决的征服战争确立了祖鲁人对非洲东南部广大地区的统治。1828年，恰卡的两个同父异母的弟弟以不满恰卡的暴虐统治为由将其杀害。然而，恰卡之死并没有摧毁他所创建的祖鲁王国。虽然与其他国家的冲突，尤其是与布尔人（Boers）和英国人的冲突，逐渐削弱了祖鲁王国的实力，但它还是保持了族群身份的凝聚力和强大的族群认同感，即使是在19世纪最终被英国人打败之后也依然如此。关于历史上独立和统一的共同记忆滋养了祖鲁人的族群认同，这种族群认同以因卡塔自由党或编织的草环作为象征，至今仍然是非洲南部一股强大的动员力量。

这一共同记忆确实非常强大，但是它也是虚构的。祖鲁人族群演化的"历史"是近代的发明，它由两个方面的内容构成：族群内部对世界应该是怎样的看法，以及解读族群历史时采用的外在结构。

阿尔弗雷德·T. 布莱恩特是祖鲁人"历史"的收集者，在著作中，他对收集到的素材性质、主题以及理解它们所采用的大框架做了基本假设，这从根本上将祖鲁人变成了一个"族群"。在处理所收集到的口头传说时，他采用的方法有两个相互关联的前提。[5]首先，他采用了一种幼稚的方式解读口头传说，他认为，口头传说应该被当作历史事实，即使这些传说可能是零碎而混乱的，它们从性质上来说与布莱恩特所构建的总体叙述是相同的。在他看来，祖鲁人的历史有一个唯一“正确的”版本，但是，每个人转述的历史真相都被或多或少地扭曲了。因此，历史学家的任务是填补空白，将那些不连贯的信息碎片连接起来，使分歧变得统一和谐。他认为，历史学家的职责是“将关于祖鲁兰（Zululand）和纳塔尔（Natal）当地居民早期部落历史的所有信息收集到一个地方，并用某种系统的顺序连接起来”[6]。

布莱恩特的第二个设想是：这些口头传说是族群上同属“恩古尼人”的不同氏族的历史，这些氏族几百年来几乎没有发生变化，它们拥有自己的政治、社会和居住边界。所以，布莱恩特将祖鲁人王国崛起的历史线性地描述成这些分立的实体合并为祖鲁氏族的过程。因此，他认为，过去几百年的历史本质上都是一样的，而且，19世纪的氏族结构可以反向投射到最早的恩古尼人时期。

布莱恩特不仅全盘接受了他所收集的传说的历史准确性，还根据自己思想和文化上的偏见组织了这些传说，而这些偏见被他视作自然秩序的一部分。布莱恩特是一位基督教传教士，所以，他说他的写作是出于一种无私的责任感：“在他们简单的传统还来得及被找回的时候，我们要把目不识丁的黑人兄弟从被永远遗忘的境遇里解救出来，即使这些传统对我们来说毫无意义。”[7]布莱恩特是1883年到达非洲南部的，这时恰卡已经去世五十多年了。所以，他并没有获得关于他要讲述的历史的第一手资料，作为替代，他收集了从恰卡国王的外甥及其同辈人那里得到的材料。他这样描述这些材料：“零碎的、不连贯的、对没有经验的人来说常常是毫无意义的。”[8]为了使欧洲大众可以阅读，他用一种被他比作艺术家组装马赛克[9]的方式将这些信息联合在一起。布莱恩特对欧洲大众的评价很低，在他看来，“众所周知，历史对于他们来说是枯燥乏味的”，因此，他不得不以一种“能够维持阅读和保持兴趣的”方式来展现这一题材。[10]

布莱恩特的个人背景、他所使用的原始材料以及大众读者显然都对他用碎片拼凑成的马赛克画产生了影响。首先，作为一个受过古典文化教育的基督徒，他通过组织素材，在祖鲁人的迁徙与《出埃及记》中希伯来人的流浪以及中世纪早期伦巴底人、哥特人和斯拉夫人传奇般的迁徙之间建立了明确的相似性。布莱恩特将恩古尼人曾经所属的班图人（Bantu）的各个分支间的关系比作“欧洲现存的英格兰人、德国人与属于北欧人种的斯堪的纳维亚人之间的关系”[11]。马兰德拉被明确地比作摩西，马兰德拉家族在路上发现的甜瓜就是希伯来人“在荒野里发现的吗哪”[12]。和摩西一样，马兰德拉“注定看到应许之地就会死亡”[13]。这样看来，布莱恩特是在有意识地用《圣经》的话语理解祖鲁人的历史，更广泛地说，他是在用欧洲历史的话语理解祖鲁人的历史。如果说祖鲁人迁徙的故事对欧洲读者来说像是一个熟悉的故事，那么，这部分程度上是因为这个故事正是以此为目的而撰写出来的。

其次，布莱恩特不仅以希伯来人或欧洲人的族群演化过程为模板来构建祖鲁人的历史，他还将欧洲传统所反映的动机与意义加入到他理解祖鲁人历史的方式中。这也是他有意为之的。而且，因为他假定欧洲的读者会认为他的题材既“无吸引力”又“太过陌生以至无法理解”，所以，他宣告了他的写作目的：

为了让历史读物变得容易理解和讨人喜欢，一般来说，我们要采用一种轻松的、口语化的风格；要在这里或那里制造一些适当的“情调”；要提供一些必要的“背景介绍”；要借助悲伤引导出一个适当的思维框架；要用幽默的微笑遮盖历史“干枯的骨骼”；在了解当地人生活和特点的前提下，用我们自己的行话把不连贯的细节连接起来。[14]

为了让陌生的内容对欧洲读者而言更加熟悉，布莱恩特做了很多尝试，其中最重要的就是不断引出欧洲文化传统与祖鲁人文化传统之间的相似性。例如，布莱恩特不仅将丁吉斯瓦约变成了“一位光明磊落的骑士”，还非常赞赏地把丁吉斯瓦约创建帝国的能力与古埃及、古波斯、古希腊和古罗马帝国首领们的能力相提并论：

只有现代英格兰成功地把帝国的权术提高到了这样的高度，因此，它被普遍认为是非常智慧的。然而，虽然祖鲁人做了完全一样的事情，但是它从很久以前开始就被认为是“完全愚昧的野蛮人”。[15]

但是，在布莱恩特眼里，恰卡是祖鲁人的尤里乌斯·凯撒；他将讲述恰卡被谋杀的那一章命名为“凯撒倒下，暴政终结”。因此，在布莱恩特关于祖鲁人迁徙和中央集权的描述中，以及在他用证据说明的文化意义中，他都没有记录和保留祖鲁人自己的观点。恰恰相反，布莱恩特创造了一个祖鲁人的观点：他把祖鲁人传说的碎片改造成了“真实的历史”，这个历史被赋予了一定的意义，但是它的意义完全来自犹太人、基督徒和罗马人的历史。

布莱恩特既不是第一位明确以《圣经》和古典时期作品为样本来描述一个“族群”起源的民族志书写者，也不是第一位根据目标读者抱有的文化预想和偏见来构建记述内容的民族志书写者。古代晚期和中世纪早期的作者们已经采用了这种做法，他们用这种方法书写了哥特人、伦巴底人、法兰克人、盎格鲁－撒克逊人以及后来的塞尔维亚人、克罗地亚人和匈人的起源。正如我们在前面几章里反复看到的，一些作者，比如记录哥特人历史的约达尼斯、写作法兰克人历史的图尔的格里高利和描写斯拉夫人的君士坦丁七世，虽然他们或明确或含蓄地宣称自己是在传递古老的口头传说，但他们将所描述的族群编排进了罗马－基督教划分的类别里。首领的名字、把族群划分成部落或家族这样的单位、划时代的战役和传奇般的迁徙，所有这些都带有强烈的象征意义，而且常常与犹太人出埃及的故事以及希腊－罗马时期的民族志联系在一起。这些历史绝对不是真正的“民族”的历史，不以传播关于某族群对自己历史的理解为目的。相反，这些历史以作者所关心的政治和文化为基础，为了推进作者所处时代的进程，作者对它们进行了重构。而且，与布莱恩特一样，这些作者并不是没有经过训练的人，也不是经历过他们要记述的历史的本地人，所以，他们不过是在记录他们自己族群的传统。虽然一些作者，比如约达尼斯和伦巴底史家助祭保罗，可能宣称自己是他们所记录族群的后代，但是他们已经完全被罗马基督教文化的传统同化，因此，他们是在用罗马基督教文化理解他们所使用的素材。[16]

鉴于布莱恩特不仅采用幼稚的方法处理题材和原始资料，还直接套用欧洲模式创造了祖鲁人的历史，有人可能会认为，他所做的这些工作非但没有使祖鲁人的历史变得可以理解，反而使其不可知了。在他们看来，布莱恩特的叙述与其说是一幅由马赛克拼成的画，不如说是一个由多面镜子组成的大厅，每一面镜子都反映了他自己文化和政治观点中的某一个方面，却没有表现出任何对祖鲁人族群演化的深入理解。一个人一旦采取这样的立场，就会认为《祖鲁兰和纳塔尔的旧时代》(*Olden Times in Zululand and Natal*)一书向我们讲述了许多关于基督教传教士在殖民地非洲的事情，而没有讲述任何关于祖鲁人历史的情况。确实，曾经有人用这种观点来探讨中世纪早期的史家。但是，这样极端的怀疑主义是不必要的。

虽然布莱恩特的马赛克画可能是虚构的，但是其中的个别片段却不是。[17]尽管布莱恩特想象出了一个祖鲁人的历史，但是，如果用其他方法理解这些片段并将它们组成一幅关于祖鲁人史前史的影像，尤其是将它们与考古学联系在一起之后，史学家们将有可能对祖鲁人的历史做出不同的理解。

最近，通过重新解读布莱恩特收集到的口头传闻，非洲的历史学家们已经开始粗略地勾画出一个关于蓬戈洛河－姆金库陆河地区的"被重新概念化的历史"。历史学家们主要根据以下两个准则重新解读这些口头传闻。第一，他们认识到，口头传闻不是简单的事实陈述，它们是利用历史上的价值模式做出的"政治"声明，目的在于为现在和未来的规划提供合法性。此外，这些口头传闻不仅反映一位统治者的价值观念。通常情况下，它们是不同派别斗争的结果，为了平衡相互竞争的派别间的对立，它们把不连续的、内部矛盾的模式结合在了一起。历史学家能够"拆解"这些前后矛盾的内容，并从导致传闻前后矛盾的政治斗争中重新发现一些事情。这是一种文本考古学，它可以揭露出隐藏在口头传闻话语中的相互对立的诉求，这些是官方话语所试图遮掩的。[18]

第二，历史学家们还认识到，分析时所使用的单位，"部落"、"氏族"以及其他政治和社会的单位，不是稳定、客观、永恒的实体。相反，在内部成员、内部组织、传统、族群归属和边界方面，过去和现在的政治实体都在持续地发生变化。[19] 无论恩古尼人还是祖鲁人都不能被认为是历史上客观存在的、稳定的角色。更确切地说，他们是被构建出来的，他们的性质以及他们是否真实存在都必须被不断质疑。

历史学家在这些初步思考的基础上重新考查了证据，通过这种方式看到的历史与由布莱恩特创造的并被当代祖鲁人接受的历史是非常不同的。根本不存在一个由具有相同特征的人组成的、被布莱恩特称作“恩古尼人”的族群。和“日耳曼人”一词类似，“恩古尼人”一词只是一个具有语言学含义的名称，不是一个政治、文化或社会群体的称呼。同样地，被布莱恩特认为是恩古尼人分支的恩吞格瓦人、姆博人和拉拉人很可能是相互没有关系的群体，他们是在19世纪20年代祖鲁王国统一的过程中才开始出现的。而且，布莱恩特用《圣经》式话语描述的迁徙从来没有发生过。考古证据和对祖鲁人传说的仔细解读都没有提供关于17世纪和18世纪祖鲁人长途迁徙的证据。祖鲁人迁徙的传说与哥特人是从斯堪的纳维亚半岛迁徙而来的传说或法兰克人是从多瑙河游荡到莱茵河的传说一样，都是不可信的。事实上，后来发展成祖鲁人的群体是祖鲁兰地区的当地人。大迁徙的故事是把摩西为犹太人“创建律法”的神话投射到了19世纪的政治实体上。

在前文提到的19世纪的政治变革发生之前，这一地区的人生活在数量众多、规模不同、政治结构各异的小型社会单位里。有些小群体的首领只有象征性的权力，没有强制性的控制力。其他大一些的群体则由一个至高无上的首领和若干次一级的首领统治，前者对他的属下拥有巨大的权力。虽然重新分配拥护者向首领缴纳的贡金是这些群体政治凝聚力的保证，但是，其他关系，包括亲属关系、庇护关系、婚姻关系和邻里关系却可以穿越政治界限。因此，社会群体和酋邦都是变动的：当相互交织的社会关系根据不同的变化重新结合时，社会群体和酋邦会借助和平和暴力的手段不断扩大、分裂、消失和重组。

这些群体是不稳定的，缺乏可以维持首领对人力长期控制并避免群体分裂的机构，因此，它们首领的权力是有限的，无法带领群体实现对酋邦基本经济资源的绝对控制，主要是对土地的控制。这些缺陷导致无法出现以经济资源为标准的明显的阶级界限。甚至最高统治者——可以统领其他首领的首领——的权威也受到了限制，除了收取贡金和偶然调动人力的权力，他们既不能制定法律也不能控制次一级的首领。另外，由于缺乏稳定的中央控制机构，至高权威也是不稳定的，它不断地分裂成新的形式。

18世纪晚期发生的变化促成了强大而中央集权的政治实体的崛起，例如玛布都人（Mabhudu）、姆提特瓦人和祖鲁人。但是，我们不能只用杰出军事首领的出现，比如丁吉斯瓦约和恰卡，来解释这些变化，也不能仅用气候变化、生态危机或自然的人口增长这样机械的原因来解释它们。相反，一个重要的外部因素似乎可以解释这些变化，即蓬戈洛河－姆金库陆河地区融入了欧洲的商业体系。融入的开端是，欧洲的象牙贸易商进入了这一地区。当地的首领们控制了商路和象牙供应，后来又控制了牲畜的供应，通过与欧洲人的贸易，他们借着对欧洲商品进行再分配的机会，尤其是对纺织品和金属的再分配，扩大了自己的权力。相对权力的变化破坏了权力增长、竞争、崩溃和变革体系中的传统平衡，这种传统的平衡曾是当地不稳定的社会和政治结构的特点。

酋长们为控制国际贸易的利益展开竞争，竞争的结果导致酋长的地位在社会和政治组织中发生了迅速的变化。尤其是，这些酋长把阿玛布拖（amabutho）或割礼学校变成了扩大自己权力的手段。阿玛布拖或割礼学校是由一些年龄相仿的青年组成的群体，这些青年在酋长的管理下被定期地聚集在一起接受入会仪式。鉴于这些组织的忠诚和身份，酋长们给他们的首要任务是追猎大象，获取象牙，以便扩充自己的财富、客户群和收缴贡金的强制力。酋长将所获利益的大部分作为奖金发放给阿玛布拖，所以这个过程强化了酋长对青年男性身体的控制。一段时间之后，这些青年变得越来越好战，他们不仅被用来与其他对立的酋长进行战争，还被用来控制酋长的属下，向顽抗的属下索取贡金。由于酋长们要用牲畜来奖励阿玛布拖，因此，随着他们对阿玛布拖依赖性的增长，他们对牲畜的需求也增长了。要满足这一需求，只能劫掠其他酋邦，并最终占领它们的土地，以便获取最适宜放牧的土地。

同化被征服的邻邦的具体方式是多种多样的：要么把它们当时的酋长纳入虚构的血缘传说中；要么就把被征服者隔离起来，让他们永远服从于统治阶层，创造出两个不同的社会阶层。

19世纪早期，军事扩张和政治统一的过程已经创造出很多庞大的政治实体，这导致了恩德旺堆人和姆提特瓦人之间的冲突。前者是一个高度中央集权和军事化的国家，后者则是一个相对没那么中央集权的政治实体。在丁吉斯瓦约的领导下，姆提特瓦人次一级的首领们，包括祖鲁人的首领恰卡，仍然拥有非常强大的自治权力。1817年左右，恩德旺堆人击败姆提特瓦人，杀死了丁吉斯瓦约。恰卡拒绝让祖鲁人为丁吉斯瓦约提供支持是姆提特瓦人失败的原因之一。恰卡因此保全了他的军队，并利用军队击败恩德旺堆人，后来又将控制力迅速地扩展到整个地区。

恰卡建立的政治权力制度借鉴了先前最高统治者的酋长权。曾经服从于被征服酋长的青年们必须加入祖鲁人的阿玛布拖，他们被要求生活在一个与世隔绝的属于王室的家宅里，没有国王的允许不得结婚。这个制度削弱了把青年人与老一代联合起来的传统纽带，从仪式上和政治上将青年们与祖鲁国王捆绑在一起。年轻的妇女也被组织成阿玛布拖，借助阿玛布拖，国王不仅可以控制女性劳动力，还可以控制她们的婚姻，她们只能与已经获得结婚许可的特定男性阿玛布拖里的指定成员结为夫妻。此外，地位高的妇女们会被当作贡金献给国王，她们被看成是国王的“女儿”和“姐姐”，生活在与世隔绝的王家住宅里，国王可以将她们作为一种王室恩典赏给有权势的男人做妻子。

这样一来，祖鲁人的社会分成了三个阶层。第一个阶层包括国王和贵族，贵族指王室成员、在祖鲁王室扩张初期就与其合作的人以及被征服酋邦的酋长。第二个阶层是阿玛布拖，即祖鲁人统治的主要支持者。为了将这两个阶层团结起来，他们都被鼓励以恩吞格瓦人的后代作为自己的身份，这样一来他们就有了一个相同的血缘和历史。

当第二阶层借助族群统一性被有意识地联合在一起时，处于社会底层的第三阶层被描绘成了一个在族群上与恩吞格瓦人不同且次于恩吞格瓦人的群体。王国边界的被征服者们是第三阶层的主体，他们被迫从事卑贱的工作，被排除在阿玛布拖之外。

恰卡的征服和统一伴随着巨大的暴力。从他的征服中逃脱的群体迁徙到了远离蓬戈洛河–姆金库陆河地区的地方，并给这一地区带来了不稳定的连锁反应。恰卡的统一还遭遇到来自内部的强烈抵抗，最终导致1828年恰卡被刺身亡。但是，恰卡创建的机构却在他死后顽强地保留了下来，而且，在没有发生严重事变的情况下，王权顺利过渡到恰卡同父异母的兄弟丁岗（Dingane）的手里，他曾经参与刺杀恰卡的行动。我们看到，虚构的血统神话在祖鲁人的社会里同样有用，到19世纪中期，已经有欧洲人抱怨，连那些被恰卡征服的酋长的后裔都把自己看作祖鲁人——征服了他们祖辈的人——的后代了。

祖鲁人和欧洲人

这两个版本的祖鲁人历史对欧洲人来说应该都很熟悉。即使一个人对大迁徙时代的欧洲历史只有非常粗浅的了解，他也应该会对以下这些内容感到熟悉：大迁徙的传说、族群上同质的氏族的逐渐分裂、人口压力导致的政治突变和强大军事政府的出现。这不仅是祖鲁人的故事，还是日耳曼人和斯拉夫人的故事。不需要太多想象，我们就能在马兰德拉和恰卡身上看到东哥特人国王狄奥多里克、伦巴底人首领阿尔博因、法兰克人首领克洛维、克罗地亚人首领克罗巴托斯或者保加尔人首领伊斯贝里克的身影。从某个层面来说，这是因为，古代和中世纪的作者们面对这些被记述的对象时所站的位置与布莱恩特面对恰卡时所站的位置完全一样，而古代和中世纪作者们的记述曾是历史学家们写作这些族群历史的依据。信仰基督教的作者们，例如图尔的格里高利、约达尼斯、比德（Bede）和助祭保罗，把他们记述的“族群”与完美的“族群”——希伯来人和罗马人——进行了比较，既有隐含的比较也有明确的比较。同样地，他们写作这些族群历史的过程是一个把它们纳入“历史”的尝试；这里的“历史”就是普遍史，对他们而言，普遍史就是罗马史。

当然，布莱恩特不是在简单地模仿一千年前的作者。相反，他是典型的19世纪晚期和20世纪初期的人，他写作的样板是那些对《圣经》和中世纪采用的社会和文化分析模式着迷的欧洲历史学家的作品。他的作品被广泛地接受了，这部分程度上是因为他所描绘的祖鲁人的历史看上去与欧洲人和欧洲化的非洲人认为的社会起源时的样子一致。

对祖鲁人历史提出修正主义解释的学者，例如赖特（Wright）和汉密尔顿（Hamilton），已经彻底转变了这个趋势。他们已经开始探查欧洲族群神话观念产生的真实原因，以便能够理解那些促使祖鲁人成为现实存在的更为复杂和强大的力量。他们的工作很少依赖欧洲模式，不仅提供了另外一种理解祖鲁人起源的模式，还间接地提供了一种理解欧洲族群形成的模式。我们可以看到，在修正关于中世纪族群演化和族群形成的认识时，21世纪欧洲历史学家采用的方式与非洲历史学家探讨他们研究对象的方式合流了。罗马帝国的影响越来越被看作造成蛮族世界不稳定和推动其变化的一股重要力量，这些影响是靠帝国的军事力量，特别是商业联系实现的。新的军事组织形式和当地首领对权力的行使——他们会为了获取利益而充分利用罗马人的财富和军事支持——发展出了新的十分强大的政治实体。虽然这些政治实体中的大部分都昙花一现，但其他政治实体则在创建者死后成功地保存了下来。这些幸存的政治实体吸收了与其竞争的其他群体，创造了一个关于族群特点的统一的神话，它不仅将族群投射到遥远而辉煌的过去，还证明族群将拥有一个伟大和强大未来的宣言是合理的。

不仅虚构的欧洲族群史与虚构的祖鲁人历史具有相似性，这些虚构的历史的政治用途也具有相似性。祖鲁人的历史是当代南非的一个强有力的工具，夸祖鲁－纳塔尔省的所有政治派别都承认这一点。1994年，在电视直播的镜头前上演了一场戏剧性的冲突：主张民族主义的祖鲁总理、因卡塔党领袖曼戈苏图·布特莱齐（Mangosuthu Buthelezi）试图阻止新当选的南非总统、非洲人国民大会（African National Congress）主席纳尔逊·曼德拉（Nelson Mandela）与祖鲁人国王古德威尔·兹韦利蒂尼（Goodwill Zwelithini）建立友好关系，他阻止的方式是反对曼德拉参加传统的恰卡节（Shaka Day）庆典。布特莱齐试图借助恰卡以来的祖鲁王国的历史来为他的民族主义立场辩护。他利用历史为政治服务的企图让人想到了欧洲的民族主义者们，例如，斯洛博丹·米洛舍维奇对科索沃战争纪念日的操纵，玛丽·勒庞对克洛维受洗纪念日的利用。

几年前，一位美国记者在希腊的马其顿省（Macedonia）旅行，他在官方导游的带领下参观了许多考古遗迹，他的导游力图“证明”马其顿一直而且必须留在希腊。他因此评价道，历史对希腊人真重要。希腊导游回答："你们美国人不明白。对我们来说，历史意味着一切。"但是，如果有一种历史，它不变化，而将几个世纪的社会、政治和文化变迁简化成一个单一的、永恒的时刻，那么，它根本不是历史。

那些声称他们的行为可以被历史证明是合理的或他们的行为是被历史所迫的人都不理解，变化才是人类历史的本质。中世纪早期欧洲族群的历史不能被用作支持或反对今天任何政治、领土和思想意识的论据，就像对恰卡国王生平的"正确"解读不能决定夸祖鲁－纳塔尔的未来一样。

历史当然很重要，欧洲的族群和民族经历了一个复杂的过程才演变至今，这个过程通常很剧烈，而且永远都模糊不清，它不是用几个引人注目的句子，例如"想象的共同体"或"被发明的传统"，就可以概括的。但是，正如我们已经看到的，19世纪的历史学以服务民族主义为目的，它遗留下来的认识已经不再恰当了。无论在罗马世界的内部还是外部，社会和政治群体一直都是复杂的、永远在变化的共同体，它们的成员、目标和身份永远都是可以协商、争论和转变的。从一开始，跨越莱茵河和多瑙河的蛮族就不是说着相同语言、有着相同文化的群体，他们既不是通过血缘也不是通过共同的传统联系在一起的。相反，他们完全和罗马人一样复杂。当罗马人和蛮族之间的界限变得模糊时，我们今天所谓"身份政治"变成了一种可以用来组织和动员追随者的方式。这造成了一个现象，即新的格局都打着“古老”族群的名号。哥特人、匈人或法兰克人的统治就像熔炉，熔化了老的政治实体。有些老的政治实体再也没有出现过。投机分子和战败者组成的群体接受了一个共同的首领，一段时间之后，他们就接受了一个共同的身份。在其他情况下，反对派首领通过宣称自己代表一个族群的古老传统，也许可以带领追随者走上征服的道路，获得新的未来，否则他们就会被消灭。

有这样一个不变的趋势：对成功建立起领地王国的群体来说，王国首领的身份会越来越多地渗透进具有重要政治意义的社会元素中。我们永远无法知道农民和奴隶们怎样认识自己。但是，王室宫廷和会议里那些并肩战斗、具有自由人身份的王国居民们认为，他们与国王具有共性。不过，这样的身份在自治王国里只是一个方面。当法兰克人帝国在8、9世纪进行扩张时，地区身份被转变成了帝国统治的工具。在不同目的和不同环境的作用下，欧洲精英阶层有着各种各样的身份，这成为他们的一种财富。

族群变化的过程绝对没有因为可以辨识的中世纪王国的出现而结束。欧洲人的历史还没有结束，而且永远不会结束。族群演化不仅是一个过去时的过程，还是一个现在时和未来时的过程。无论浪漫主义者、政治家还是社会科学家，都不可能一劳永逸地保存一个族群或一个民族的某种本质的灵魂。任何努力也不能确保当今存在的民族、族群和社会群体不会在未来消失。历史也许已经为未来设置好了界限，我们可以在这个界限内创造未来，但是，历史不能决定未来一定会成为的样子。欧洲的族群与非洲、美洲或亚洲的族群一样，都是被历史塑造和再塑造的过程，不是组成历史的原子结构。赫拉克利特（Heraclitus）说得对，人不可能两次踏进同一条河流。族群与河流一样，一直在流淌，但是历史上的河水不是现在的河水，也不是未来的河水。如果欧洲人想要建设未来，他们就必须认清过去与现在的区别。

拓展阅读

这本书是面向一般读者而不是面向专业学者的，所以，大多数情况下，我在尾注中提供了那些享有盛名的古代和中世纪著作的信息，并通过注明标题、卷册和章节但不引用特定版本或翻译的方式提供了参考文献的信息。如果不懂拉丁文或希腊文的读者想要进一步探索这些文献，完全可以查阅这些文献的翻译版本。这些文献的译本大部分都是可用的，但是，一定要时刻铭记，用专业翻译者的话来说，“所有的翻译都是精雕细琢的谎言”。

这些文献中的大部分都可以很容易地在两套优秀的翻译丛书中找到。第一套是洛布古典丛书（Leob Classical Library），它在对开的页面上提供了拉丁文或希腊文原文以及英文译文。其中的某些翻译可以追溯到20世纪早期，但是其他的翻译则是非常近期的。这套丛书的翻译不仅包含了享有盛名的古代作品，还包括了古代晚期非常重要的著作，比如奥索尼乌斯和普罗柯比乌斯的著作。

第二套丛书是企鹅平装丛书（Penguin Paperback），包括了希罗多德、普林尼、李维、阿米阿努斯·马尔切利努斯、塔西佗的著作，以及一些中世纪的文献，比如图尔的格里高利撰写的《法兰克人史》。宾夕法尼亚大学出版社已经出版了助祭保罗的《伦巴底人史》，以及勃艮第人法、伦巴底人法和萨利克法。

最近，利物浦大学出版社开始出版一套非常好的丛书，名为“为历史学家翻译的文献”（Translated Texts for Historians）。这套丛书包括了古代晚期到中世纪早期的各种先前没有翻译版本的著作。包括图尔的格里高利和卡斯多里乌斯撰写的其他著作，以及维塔的维克多（Victor of Vita）撰写的关于汪达尔人的著作。这套丛书由宾夕法尼亚大学出版社在美国发行，很快就会有平装版。

关于当代族群民族主义及其在19世纪的起源，已经有非常多的图书，而且它们的数量还在增长。除了经典著作——本尼迪克特·安德森（Benedict Anderson）的《想象的共同体》（*Imagined Communities*, London: Verso, 1991）[①] 和欧内斯特·盖尔纳（Ernest Gellner）的《民族与民族主义》（*Nations and Nationalism*, Ithaca, NY: Cornell University Press, 1983）——，读者还将从安东尼·D. 史密斯（Anthony D. Smith）的《民族的族群起源》（*The Ethnic*

---

① 国内译本，本尼迪克特·安德森：《想象的共同体（增订版）》，吴叡人译，上海：上海人民出版社，2016年。

Origins of Nations, Oxford: Blackwell, 1986）和埃里克·霍布斯鲍姆（Eric J. Hobsbawm）的《1780年以来的民族和民族主义》（*Nations and Nationalism since 1780*, London: Canto, 1991）[①] 中获益良多。

关于古代晚期和中世纪早期的历史论著非常多，但是它们当中的许多——大部分并非故意地——受到了我们这本书所反对的民族主义叙事方式的深刻影响。其他的论著试图把所描述的族群当作故事当中客观而长久的参与者，因此，它们有意地保存了最先在19世纪形成的关于族群的理解。在关于这一时期的主要历史作品中，有许多是用欧洲大陆的语言出版的，只说英语的读者无法阅读。然而，一旦克服这个困难，我们就可以从更近期的历史论著中学到许多关于那个时期的事情。下面是一些最近的研究，它们可以带领感兴趣的读者进入这个令人着迷但还认识不足的领域。

罗杰·柯林斯（Roger Collins）撰写的《中世纪早期的欧洲》（*Early Medieval Europe*, New York: St. Martin's Press, 1991）对中世纪早期政治做了大量详细的叙述，而朱迪思·赫林（Judith Herrin）的《基督教世界的形成》（*The Formation of Christendom*, Princeton: Princeton University Press, 1987）更大程度上是一部文化史。彼得·布朗（Peter Brown）的《西方基督教世界的崛

① 国内译本，埃里克·霍布斯鲍姆：《民族与民族主义》，李金梅译，上海：上海人民出版社，2006年。

起：公元200至1000年的胜利与多样性》(*The Rise of Western Christendom: Triumph and Diversity AD 200–1000*, Oxford: Blackwell Publishers Inc., 1996）是一部综合性的、文化导向的概论，讲述了古代晚期和中世纪早期的变革。由约翰·德林克沃特（John Drinkwater）和休·埃尔顿（Hugh Elton）主编的《5世纪的高卢：一次身份危机？》(*Fifth-Century Gaul: A Crisis of Identity?*, Cambridge: Cambridge University Press, 1992）将许多关于古代晚期西欧社会和政治实体的讨论汇编在了一起。赫维希·沃尔弗拉姆（Herwig Wolfram）写的《罗马帝国及其日耳曼族群》(*The Roman Empire and Its Germanic Poeples*, Berkeley and Los Angeles: University of California Press, 1997）是关于古代晚期族群演化最好的介绍。

历史学家们还写作了关于个别"族群"的历史。采用新方法理解古代晚期和中世纪早期族群根本性质的最好著作是赫维希·沃尔弗拉姆的《哥特人历史》(*History of the Goths*, Berkeley: University of California Press, 1988)。伊恩·伍德（Ian Wood）的《墨洛温王朝的王国》(*The Merovingian Kingdoms*, London: Longman, 1994）很好地把读者带进了法兰克人的历史之中。一套名为《欧洲的族群》(*Peoples of Europe*, Oxford: Blackwell Publishers Ltd.）的英国丛书用简短而容易理解的方式讲述了欧洲族群"从史前起源直至今天"的历史。这部丛书中的几卷——但绝对不是全部——还没有挣脱关于族群特征的老认识，有一种将"族群"客观化并夸大它们连续性的倾向。

欧洲科学基金会通过国际合作项目“罗马世界的变革”支持了许多关于族群的令人兴奋和重要的作品。这个项目计划出版一大批论著。其中，已经出版的有沃尔特·波尔（Walter Pohl）主编的《帝国的王国：古代晚期的蛮族融合》(*Kingdoms of the Empire: The Integration of Barbarians in Late Antiquity,* Leiden: Brill, 1997）和沃尔特·波尔与赫尔穆特·赖米兹（Helmut Reimitz）共同主编的《区分的策略：300至800年族群身份共同体的构建》(*Strategies of Distincion: The Construction of Ethnic Identity Communities 300–800*, Leiden: Brill, 1998）。

最后，许多年轻学者已经开始重新评价中欧和东欧民族史中那些被人们广为接受的传统。帕特里克·艾默里（Patrick Amory）的《东哥特人治下意大利的族群与身份，489—554年》(*People and Identity in Ostrogothic Italy 489–554*, Cambridge: Cambridge University Press, 1997）是证明中世纪早期身份复杂情况的最为雄心勃勃的尝试之一，此外还有弗洛林·柯塔（Florin Curta）的《制造斯拉夫人：下多瑙河地区的历史与考古，约500—700年》(*The Making of the Slavs:History and Archaeology of the Lower Danube Region, Ca. 500–700*, Cambridge: Cambridge Universtiy Press, 2001）。我们只希望，在接下来的几年里，这个简短的参考书目会因为欧洲、北美和亚洲历史学家对民族神话的继续破解而大大地扩充。

注　释

前　言

1　*Le Monde*, September 24, 1991.

2　关于公民身份与族群身份在美国被争议的传统，见 Gary Gerstle, *The American Crucible: Race and Nation in the Twentieth Century* (Princeton, 2001)。

3　Charles F. Adams ed., *Familiar Letters of John Adams and His Wife, Abigail Adams, during the Revolution* (New York, 1876), p. 211.

4　*Le Monde*, September 24, 1991.

5　*Der Standard*, June 23, 1992.

6　*Le Monde*, July 19, 1991.

第一章

1　Benidict Anderson, *Imagined Communities: Reflections on the Origin and Spread of Nationalism* (London, 1983).

2　Miroslav Hroch, *Die Vorkämpfer der nationalen Bewegung bei den kleinen Völkern Europas: Eine vergleichende Analyse zur gesellschaftlichen Schichtung der patriotischen Gruppen*. Acta Universitatis Carolinae Philosophica et Historica Monographica XXIV (Prague, 1968).

3 见 Ivo Banac, *The National Question in Yugoslavia: Origin, History, Politics* (Ithaca, NY, 1984), p. 28。

4 Ibid., p. 29.

5 Paul Freedman, *Images of the Medieval Peasant* (Stanford, 1999).

6 Mireille Schmidt-Chazan, "Les origines germaniques d'Hughes Capet dans l'historiographie française du Xe au XVIe siècle", in *Religion et culture autour de l'an mil: Royaume capétien et Lotharingie*, Dominique Iogna-Prat and Jean-Charles Picard eds.(Paris, 1990), pp. 231–344, esp. p. 240.

7 例如 Martin Cromer, *De origine et rebus gestus polonorum*(1555)。

8 Florin Curta, *The Making of the Slavs: History and Archaeology of the Lower Danube Region, ca. 500–700 AD* (Cambridge, 2001).

9 E. J. Hobsbawm, *Nations and Nationalism since 1780* (Cambridge, UK, 1990); 其他文献见 pp. 20–21 和 note 19。

10 这个简短的总结很大程度上参考了 Otto W. Johnston, *The Myth of a Nation: Literature and Politics in Prussia Under Napoleon* (Columbia, SC, 1989) 和 Johnston, *Der deutsche Nationalmythos. Ursprung eines politischen Programms* (Stuttgart, 1990)。

11 Johnston, *The Myth of a Nation*, p. 25.

12 Johnston, *The Myth of a Nation*, p. 10.

13 Johann Gottlieb Fichte, *Addresses to the German Nation*, R. F. Jones and G. H. Turnbull trans.(Westport, CT, 1979); Reprint of the 1922 edition, published by Open Court Pub Co., London and Chicago, IV, pp. 52–53.

14 见 Maurice Olender, *The Languages of Paradise: Race, Religion and Philology in the Nineteenth Century* (Cambridge, MA, 1992), esp. chap. 1, "Archives of Paradise", pp. 1–20。

15 Olender, *The Languages of Paradise*, p. 5, 引自 E. B. de Condillac, *Essai sur l'origine des connaissances humaine* (1746), II, I, G. Le Roy ed. (Paris, 1947), p. 103; 另见 H. Aarsleff, "The Tradition of Condillac: The Problem of the Origin of Language in the Eighteenth Century and the Debate in the Berlin Academy before Herder", in H. Aarsleff, *From Locke to Saussure: Essays on the Study of Language and Intellectual History* (London, 1982), pp. 146–209。

16 Fichte, *Addresses to the German Nation*, vii, 313–314.

17 见 W. B. Lockwood, *Indo-European Philology* (London, 1969), p. 22。

18 关于德意志语文学与民族主义之间的联系，见 Benno von Wiese and Rudolf Henβ eds., *Nationalismus in Germanistik und Dichtung. Dokumentation des Germanistentages in München vom 17.–22. Oktober 1966* (Berlin, 1967), esp. Eberhard Lämmert, "Germanistik – Eine deutsche

Wissenschaft", pp. 15–36。

19 转引自 R. Howard Bloch, "New Philology and Old French", *Speculum* 65 (1990): 40； 另见同氏 " '*Mieux vaut jamais que tard*': Romance, Philology, and Old French letters", 36 *Representations* (1991): 64–86。

20 Bloch, "New Philology", p. 40.

21 Bloch, "New Philology", pp. 41–42: "*La canso des troubadours sont des plants indigene, nées spontanément sur le sol de la patrie.* "

22 关于语言与民族主义，见 Hobsbawn, *Nations and Nationalism*, pp. 51-63; Anderson, *Imagined Communities*, chap. 5, passim。

23 见 Bjørnar Olsen and Zbigniew Kobylinski, "Ethnicity in Anthropological and Archaeological Research: A Norwegian-Polish Perspective", *Archaeologia Polona* 29 (1991): 9–11。

24 Gustaf Kossinna, *Die Herkunft der Germanen* (Würzburg, 1911); *Usprung und Verbreitung der Germanen in vor-und frügeschichtlicher Zeit* (Würzburg, 1928).

25 Chris Wickham, *Early Medieval Italy: Central Power and Local Society 400–1000* (Totowa, NJ, 1981), p. 68.

26 Hobsbawm, *Nations and Nationalism*, pp. 48–49.

第二章

1 Herodotus, *The Histories*, II, 17.

2 Ibid., V, 48.

3 Ibid., I, 144.

4 Ibid., IV, 7–10.

5 Ibid., IV, 110–116.

6 Arnaldo Momigliano, *The Classical Foundations of Modern Historiography* (Berkeley, 1990), esp. pp. 5–10.

7 Herodotus, *The Histories*, I, 135.

8 Ibid., III, 38.

9 Edward W. Said, *Orientalism* (New York, 1978), p. 2.

10 Margaret T. Hodgen, *Early Anthropology in the Sixteenth and Seventeenth Centuries* (Philadelphia, 1964), p. 44.

11 Pliny, *Natural History*, IV.

12 Ammianus Marcellinus, *Histories*, XXII, 8, 42.

13 Ibid., XXIII, 6, 64.

14 Livy, *Ab urbe condita*, "... nec sub eodem iure solum sed etiam nomine omnes essent, Latinos utramque gentem appellauit (……也为了确保他们不仅在同一法律下，还在同一称呼下，［埃涅阿斯］用拉丁人来通称这两个蛮族）", I, 2.

15 Ibid., "*in populi unius corpus*", I, 8.

16 Cornelius Tacitus, Agricola, XXX: "*...atque ubi solitudinem faciunt, pacem appellant.*"

17 Ibid., 33.

18 关于罗马人对非罗马人态度的探讨，参见 J. P. V. D. Balsdon,

Romans and Aliens (Chapel Hill, NC, 1979)。

19 Jeremy DuQuesnay Adams, *The Populus of Augustine and Jerome: A Study in the Patristic Sense of Community* (New Haven, 1971), p.110.

20 Augustine, *De Genesi contra Manichii*, I, 23. 另见 Adams, *The Populus of Augustine and Jerome*, pp. 48–49。

21 Augustine, *City of God*, XIX, 24: “Populus est coetus multitudinis rationalis rerum quas diligit concordi communione sociatus.（人民是许多理性的人联合起来和平地共同拥有所热爱东西的集合体。）” 另见 Adams, *The Populus of Augustine and Jerome*, p. 19。

22 Ammianus Marcellinus, XVI, 12, 26. 关于阿勒曼尼人，见 Dieter Geuenich, *Geschichte der Alemannen* (Stuttgart, 1997); Hans Hummer, “The Fluidity of Barbarian Identity: The Ethnogenesis of Alemanni and Suebi, AD 200–500”, *Early Medieval Europe* 7 (1998):1–27。

23 Procopius of Caesarea, *History of the Wars III*, ii, 1–6. 关于哥特人，见 Herwig Wolfram, *History of the Goths* (Berkeley, 1987); Peter Heather, *The Goths* (Oxford, 1996)。与 Wolfram 观点相反，Peter Heather 不认同哥特人内部的多变性。

24 Constantine Prophyrogenitus, *Excerpta de Legationibus Romanorum ad Gentes*, Carolus de Boor ed. (Berlin, 1093), I, p. 135. 关于匈人，见 Otto Maenchen-Helfen, *The World of the Huns* (Berkeley, 1973); E. A. Thompson ed., *The Huns* 2nd rev. (Oxford, 1996); Herwig Wolfram,

"The Huns and the Germanic Peoples", in Franz H. Baüml and Marianna D. Birnbaum eds., *Attila: The Man and his Image* (Budapest, 1993), pp. 16–25。

25　Procopius, III, ii, 4–5.

26　Ammianus Marcellinus, XXII, 5.

27　"*Originem Gothicam Fecit esse historiam Romanam*." Cassidorius *Variae*. 9.25.4–6.

28　Walter Goffart, *The Narrators of Barbarian History* (*A.D. 550–800*): *Jordanes, Gregory of Tours*, *Bede*, *and Paul the Deacon* (Princeton, 1988), pp. 35–38.

第三章

1　Apuleius, 11, 5.

2　Reinhard Wenskus, *Stammesbildung und Verfassung: das Werden der frühmittelalterlichen Gentes* (Cologne, 1961). Walter Pohl, "Ethnicity in Early Medieval Studies", *Archaeologia Polona* 29 (1991): 41. Walter Pohl 在该篇中指出，这个词至少可以追溯到 H. M. Chadwick 1912 年对该词的使用。

3　Walter Pohl, "Telling the Difference: Signs of Ethnic Identity", in Walter Pohl with Helmut Reimetz, *Strategies of Distinction: The Construction of Ethnic Communities, 300–800* (Leiden, 1998), pp. 17–69.

4　Velleius Paterculus, *Historiae Romanae*, II, 118, 2.

5　Gerhard Wirth, "Rome and Its Germanic Partners in the Fourth

Century", in Walter Pohl ed., *Kingdoms of the Empire: The Integration of Barbarians in Late Antiquity* (Leiden, 1997), pp. 13–55.

6 关于阿勒曼尼人的概况，见 Geuenich, *Geschichte der Alemannen*。

7 引自 Joachim Werner, "Zur Entstehung der Reihengräberzivilization: Ein Beitrag zur Methode der frühgeschichtlichen Archäologie", *Archaeologia Geographica* I (1950): 23–32; Franz Petri, *Siedlung, Sprache und Bevölkerungs-struktur im Frankenreich* (Darmstadt, 1973), p. 294.

第四章

1 Tariat Tekin, *A Grammar of Orkhon Turkic* (Bloomington, 1968), p. 265.

2 Priscus, Carolus Müller ed., *Fragmenta historicorum Graecorum* IV (Paris, 1851), fr. 8.

3 Priscus, Müller ed., fr. 39. 对此篇文献中"族群"含义的分析，见 Peter Heather, "Disappearing and Reappearing Tribes," in Pohl ed., *Strategies of Distinction*, p.100。

4 David Frye, *Gallia, Patria, Francia: Ethnic Tradition and Transformation in Gaul*, unpublished Ph. D. dissertation, Duke University, 1991, pp. 89–passim. 虽然 Frye 教授对"族群"一词做出的特殊解释和将其用在这样语境下的做法还值得讨论，但是，我仍非常感谢他能让我阅读他博士论文中的一些部分。

5 Ausonius, *Ordo urbium nobilium* 20, Hugh G. Wvelyn White trans.

(Cambridge, MA, 1985), pp. 39–41. 另见 Frye, *Gallia*, *Patria*, *Francia*, p. 104。

6　Ausonius, *Praefatiunculae* 1.5. 见 Frye, *Gallia, Patria, Francia*, pp. 90-91。

7　Iiro Kajanto, *The Latin Cognomina* (Helsinki, 1965); Frye, *Gallia*, *Patria*, *Francia*, pp. 95–96.

8　Frye, *Gallia*, *Patria*, *Francia*, pp. 92-93; Sidonius, ed., 8.11.1.

9　Zosimus, *Historia nova*, VI, 5; A. H. M. Jones, *The Later Roman Empire 284–602*, vol. I (Baltimore, 1986), p. 187. 还可参见 Herwig Wolfram, *The Roman Empire and Its Germanic Peoples* (Berkeley, 1997), p. 240, 虽然作者对这份记录提出了质疑，不过还是肯定了它与凯尔特人相关的这一事实。

10　*Chronica Gallica* anno 452, 133.

11　Salvian, *De gubernatione dei* V 5, 21–23.

12　关于这个问题的总体论述，参见 Patrick Amory, *People and Identity in Ostrogothic Italy 489–554* (Cambridge, 1997), esp. chap. 2, "The Ravenna Government and Ethnographic Ideology: From Civilitas to Bellicositas", pp. 43–85。

13　Amory, *People and Identity*, pp. 63–64. 其中引用了 Cassidorus, *Variae*, 4.1, 4.2。

14　Amory, *People and Identity*, p. 73; Var. 8.21.6–7.

15　Amory, *People and Identity*, p. 72.

16　Procopius, V, XXV–VI.

17 Procopius, VIII, xxxiv.

第五章

1 Marius of Avenches, a. 573 MGH AA 11, 238.

2 *Historia Langobardorum* 2, 31.

3 *Historia Langobardorum* 2, 32.

4 可以说明伦巴底人至少对意大利社会中某些人群产生吸引力的各种材料，见 Wickham, *Early Medieval Italy*, p. 67。

5 Rothari 367, MGH LL 4. 见 Brigitte Pohl-Resl, "Legal Practice and Ethnic Identity in Lombard Italy", in Pohl, *Strategies of Distinction: The Construction of Ethnic Communities, 300–800* (Leiden, 1998), p. 209。

6 *Historia Langobardorum* 2, 32.

7 Wickham, *Early Medieval Italy*, pp. 68–69.

8 Liutprand, 91, ed. Bluhme, MGH LL 4. Katherine Fischer Drew trans., *The Lombard Laws* (Philadelphia, 1973), pp. 183-184. 另 见 Phol-Resl, "Legal Practice and Ethnic Identity", pp. 209–210。

9 Phol-Resl, "Legal Practice and Ethnic Identity", p. 209.

10 Phol-Resl, "Legal Practice and Ethnic Identity", p. 210.

11 Ibid.

12 Stephen C. Fanning, "Lombard Arianism Reconsidered", *Speculum* 56 (1981): 241–258.

13 Wickham, *Early Medieval Italy*, pp. 72–73. Wickham 使 用 了

Giovanni Tobacco 的数据和分析，见 “Dai possessori dell’età carolingia agli esceritali dell’età longobarda”, *Studi medievali* x. 1 (1969): 221–268。但是，Tabacco 对罗马人被高度同化的观点提出了质疑。最近，在他的著作 *Struggle for Power in Medieval Italy: Structures of Political Rule* (Cambridge, 1989) 中，Tabacco 承认，“7 世纪末伦巴底人向天主教皈依的过程结束时，他们与残余的罗马地主阶层共存于同一个社会阶级里的现实不可能已经促使一些罗马人接受统治群体的法律传统……” 尽管如此，他仍对“在基本法律和军事方面被伦巴底人同化的罗马自由人群体”持怀疑态度。

14　*Edictus Langobardorum, Aistulfi Leges*, 2, 3. 翻译见 Katherine Fischer Drew trans., *The Lombard Laws*, p. 228。

15　*Edictus Langobardorum, Aistulfi Leges*, 4. 见 Drew, *The Lombard Laws*, pp. 228–229。

16　*Codice Diplomatico Longobardo*, ed. Luigi Schiaparelli, I(Rome, 1929), no. 17, p. 48; no. 20, p. 81.

17　Wolf Liebeschuetz, “Citizen Status and Law”, in Pohl ed., *Strategies of Distinction*, pp. 141–143.

18　Liebeschuetz, “Citizen Status and Law”, pp. 139–140; 详细论述可见 Hagith Sivan, “The Appropriation of Roman Law in Barbarian Hands: Roman-Barbarian Marriage in Visigothic Gaul and Spain”, in Pohl ed., *Strategies of Distinction*, pp. 189–203。

19　Sivan, “The Appropriation of Roman Law”, pp. 195–199.

20 Liebeschuetz, “Citizen Status and the Law”, p. 149.

21 Liebeschuetz, “Citizen Status and the Law”, p. 141.

22 Roger Collins, *Early Medieval Europe* (New York, 1991), p. 145.

23 P. D. King, *Law and Society in the Visigothic Kingdom* (Cambridge, 1972), p. 132.

24 Dietrich Claude, “Remarks about Visigoths and Hispano-Romans in the Seventh Century”, 引用了 Volker Bierbrauer 和其他人的论著，in Phol ed., *Strategies of Distinction*, p. 119, note 23。

25 King, *Law and Society*, p. 18.

26 *Concilium toletanum* 6, 17, pp. 244–245. 见 Calude, “Remarks about Visigoths and Hispano-Romans in the Seventh Century”, pp. 127–129。

27 King, *Law and Society*, pp. 130–144.

28 Eugen Ewig, “Volkstum und Volksbewuβtsein im Frankenreich des 7. Jahrhunderts”, in Eugen Ewig, *Spätantikes und fränkisches Gallien*, Hartmut Atsma ed., vol. I (Munich, 1976), p. 234.

29 Ian Wood, *The Merovingian Kingdoms 450–751*(Harlow, 1994), pp. 108–114.

30 Patrick Wormald, “Lex Scripta and Verbum Regis: Legislation and Germanic Kingship from Euroic to Cnut”, in P. H. Sawyer and I. N. Wood eds., *Early Medieval Kingship* (Leeds, 1977), p. 108.

31 Patrick Amory, “Meaning and Purpose of Ethnic Terminology in

Burgundian Laws", *Early Medieval Europe*, 2 (1993): 1–28.

32 Ian Wood, "Ethnicity and the Ethnogenesis of the Burgundians", in Herwig Wolfram and Walter Pohl eds., *Typen der Ethnogenese unter besonderer Berücksichtigung der Bayern*, vol. I (Vienna, 1990), pp. 55–69.

33 Gregory of Tours, *Libri Historiarum* X, 10; Wood, "Ethnicity", p. 55.

34 Ewig, "Volkstum und Volksbewuβtsein", p. 251.

35 Walter Goffart, "Foreigners in the Histories of Gregory of Tours", in Walter Goffart, *Rome's Fall and After* (London, 1989), pp. 275–291; Patrick J. Geary, "Ethnic Identity As a Situational Construct in the Early Middle Ages", *Mitteilungen der anthropologischen Gesellschaft in Wien*, vol. 113 (1983): 15–26.

36 Ewig, "Volkstum und Volksbewuβtsein", pp. 247–248.

37 Gregory of Tours, II, 18.

38 Pohl, "Telling the Diffference: Signs of Ethnic Identity", p. 37.

39 Henry Mayr-Harting, *The Coming of Christianity to Anglo-Saxon England*, 3rd ed. (Avon, 1991). 关于当地居民在撒克逊人皈依基督教中发挥的作用，见 Patrick Sims-Williams, *Religion and Literature in Western England, 600–800* (Cambridge, 1990), chap. 3, "Paganism and Christianity", pp. 54–86。

40 Wood, *The Merovingian Kingdoms*, pp. 163–164.

41 Pohl, *Die Awaren. Ein Steppenvolk in Mitteleuropa 567–822 n.*

Ch. (Munich, 1988), pp. 18–19.

42 Pohl, “The Role of the Steppe Peoples in Earsten and Central Europe in the First Millennium A. D.”, in *Origins of Central Europe*, Przemyslaw Urbanczyk ed. (Warsaw, 1997), pp. 65–78.

43 关于斯拉夫人的起源，见 Pohl, *Die Awaren*, pp. 94–128; Florin Curta, *The Making of the Slavs: History and Archaeology of the Lower Danube Region, ca. 500–700 AD* (Cambridge, 2001)。

44 Procopius, *History of The Wars* VII, xiv, 22.

45 Fredegar, 4, 48; Pohl, *Die Awaren*, pp. 256–261.

46 Constantine Prophyrogenitus, *De Administrando Imperio*, chaps. 29, 30.

47 Phol, *Die Awaren*, p. 266.

48 对这一传统解释的概括，见 John Fine, *The Early Balkans: A Critical Survey from the Sixth to the Late Twelfth Century*(Ann Arbor, 1983), pp. 52–53。

49 Fredegar, 4, 72.

50 Miracles of St. Demetrius II, 5.

第六章

1 关于这个名词，见 Walter Pohl, “Zur Bedeutung ethnischer Unterscheidungen in der frühen Karolingerzeit”, *Studien zur Sachsenforschung* 12 (1999): 193–208, esp. p. 199。

2 关于巴伐利亚人的法律，见 Wilfried Hartmann, “Das Recht”,

in *Die Bajuwaren von Severin bis Tassilo, 488–788*, H. Dannheimer and H. Dopsch eds. (Munich, 1988), esp. p. 266; Joachim Jahn, *Ducatus Baiuvariorum. Das bairische Herzogtum der Agilolfinger* (Stuttgart, 1991), p. 344。

3 关于波兰地区承认"日耳曼人法律"的情况，见 Robert Bartlett, *The Making of Europe: Conquest, Colonization and Cultural Change 950–1350* (Princeton, 1993), p. 118, pp. 130–131。

4 Walter Goffart 在《蛮族历史叙述者》(*Narrators of Barbarian History*)一书中证明，这些所谓"民族"史家没有开创或支持任何一种民族史。

5 J. B. Wright and C. A. Hamilton, "Traditions and Transformations: The Phongolo-Mzimkhulu Region in the Late Eighteenth and Early Nineteenth Centuries", in A. Dummy and B. Guest eds., *Natal And Zululand: From Earliest Times to 1910: A New History* (Pietermaritzburg, 1989), pp. 49–57. 也见 Carolyn Anne Hamilton, *Terrific Majesty: The Power of Shaka Zulu and the Limits of Historical Invention* (Cambridge, MA, 1998)。

6 A. T. Bryant, *Olden Times in Zululand and Natal* (London, 1929), p. viii.

7 Bryant, *Olden Times in Zululand and Natal*, p. ix.

8 Bryant, *Olden Times in Zululand and Natal*, p. viii.

9 Bryant, *Olden Times in Zululand and Natal*, p. x.

10 Bryant, *Olden Times in Zululand and Natal*, p. vii–ix.

11 Bryant, *Olden Times in Zululand and Natal*, p. 4.

12 Bryant, *Olden Times in Zululand and Natal*, p. 17.

13 Bryant, *Olden Times in Zululand and Natal*, p. 19.

14 Bryant, *Olden Times in Zululand and Natal*, p. ix.

15 Bryant, *Olden Times in Zululand and Natal*, p. 101.

16 关于上文提及的四位中世纪早期史家所处的文化和政治背景，见 Walter Goffart, *Narrators of Barbarian History*。他认为，这些史家们独特的文化和宗教关怀决定了他们叙述历史的内容和形式。

17 19世纪欧洲和非洲原始资料中对祖鲁人伟大首领恰卡的描述，见 William Worger, “Clothing Dry Bones: The Myth of Shaka”, *Journal of African Studies*, vol. 6, no. 3 (1979): 144–158; Carolyn Anne Hamilton, *Terrific Majesty*, esp. chap. 2, “The Origins of the Image of Shaka”, pp. 36–71。

18 Wright and Hamilton, “Traditions and Transformations”, p. 52.

19 Ibid., p. 53.

译名对照表

A

Abbé Sieyès 西哀士

Aborigines 阿波里金人

Addresses to the German Nation《告德意志同胞书》

Adrianople 阿德里安堡

Aetius 埃提乌斯

African National Congress 非洲人国民大会

Agde 阿格德

Agricola《阿格里科拉传》

Alani 奄蔡人

Alaric II 亚拉里克二世

Alaric 亚拉里克

Albanians 阿尔巴尼亚人

Albans 阿尔巴人

Alboin 阿尔博因

Alexander the Great 亚历山大大帝

Alexandria 亚历山里亚

Allègre, Claude 克劳德·阿莱格尔

Allobroges 阿洛布罗基

Allobrogicinus 阿洛布罗基希努斯

Alsace 阿尔萨斯

Amabutho 阿玛布拖

Amalasuntha 阿玛拉逊莎

Amals 阿马尔家族

Amazons 亚马逊人

Amorica 阿莫里卡

Amory, Patrick 帕特里克·艾默里

Amsivari 阿姆斯瓦里人

Anastasius 阿纳斯塔修斯

Ancii 安西家族

Anderson, Benedict 本尼迪克特·安德森

Aneas 埃涅阿斯

Anglo-Saxonism 盎格鲁－撒克逊主义

Antes 安特人

Antioch 安条克

Anti-Semitism 反犹主义

Aoric 奥里克

Aorsi 阿奥西人

Aosta 奥斯塔

Apuleius 阿普列乌斯

Aquitaine 阿奎丹

Aquitanians 阿奎丹人

Arbogast 阿博加斯特

Ardaric 阿尔达里克

Arian 阿里乌斯派

Ariaric 阿里阿尔克

Aristagoras 阿里斯塔格拉斯

Armenian 亚美尼亚语

Armenians 亚美尼亚人

Arminius 阿米尼乌斯

Arpoxais 阿尔波克赛司

Arverni 阿维尔尼

Arvernicus 阿维尔尼乌斯

Asia Minor 小亚细亚

Assyria 亚述

Assyrians 亚述人

Asturia 阿斯图里亚

Athalaric 阿塔拉里克

Athanaric 阿萨纳里克

Athaulf 阿陶尔夫

Attila 阿提拉

Auchates 奥卡泰伊斯基泰人

Audaian 奥迪安派

Augustine 奥古斯丁

Aurelian 奥勒良

Ausonius 奥索尼乌斯

Austrasia 奥斯特拉西亚

Austregisel 奥斯特雷吉塞尔

Authari 奥塔里

Auvergne 奥维涅地区

Avars 阿瓦尔人

B

Bagaudae（拉丁语）巴高达

Baian 柏伊安

Balth dynasty 巴尔斯王朝

Baltics 波罗的海国家

Banac, Ivo 伊沃·巴纳克

Bantu 班图人

Barbarian 蛮族

Base-born Scythians 低等斯基泰人

Basques 巴斯克人

Battle of the Catalaunian Plains 卡塔隆平原战役

Battle of Jena 耶拿会战

Bayeux 巴约

Bebel, Heinrich 海因里希·倍倍尔

Bede 比德

Belasarius 贝利撒留

Belgica Secunda 第二比利时行省

Bello 贝罗

Benenatus 贝内纳图斯

Beograd 贝尔格莱德

Berber 柏柏尔人

Besançon 贝桑松

Black Death 黑死病

Blackbird Field 黑鸟平原

Bleda 布列达

Bonn regime 波恩制度

Bosnians 波斯尼亚人

Boulainvilliers, Henri de 亨利·德·布兰维利耶

Bradford 布莱德福特

Brescia 布雷西亚

Breviary of Alaric《亚拉里克摘要》

Brindisi 布林迪西

Britons 不列吞人

Brittany 布列塔尼

Brown, Peter 彼得·布朗

Bructeri 布鲁克特里人

Bryant, A. T. 阿尔弗雷德·T. 布莱恩特

Bucinobantes 布希诺邦特人

Budva 布德瓦

Bulgaria 保加利亚

Bulgarians 保加利亚人

Bulgars 保加尔人

Bundesrepublik（德语）联邦德国

Burgundian Code《勃艮第人法典》

Burgundians 勃艮第人

Battle of Busta Gallorum 塔吉纳战役

C

Caesar Julian 凯撒·尤利安

Caledonians 喀里多尼亚人

Calgacus 卡加库斯

Cambrai 康布雷

Chamavari 卡马维人

Chamavi 卡马维人

Champagne 香槟

Charlemagne 查理曼

Chattuarii 查士阿里人

Childeric 希尔德里克

Chindasvinth 金达苏伊斯

Chlotsuinda 克洛斯温达

Chlothar II 克洛泰尔二世

Chlothar 克洛泰尔

Chnodomarius 芝诺多马琉斯

Christianitas（拉丁语）基督教信仰

Chrobatos 克罗巴托斯

Chunnel 英吉利海峡隧道

Cicero 西塞罗

Cilicia 奇里乞亚

Cilicians 奇里乞亚人

Cimmerians 辛梅里安人

Cissia 奇西亚人

Civilitas (拉丁语) 公民性

Cleph 克莱夫

Clovis 克洛维

D

Dacians 达基亚人

Dagobert 达戈贝尔

Dalmatian 达尔马提亚人（的）

Danube 多瑙河

Danubian plain 多瑙河平原

Danzig 但泽

Darius 大流士

DDR 德意志民主共和国缩写

Dengizich 邓吉西克

Diana 狄安娜

Dingane 丁岗

Dingiswayo 丁吉斯瓦约

Diocletian 戴克里先

Domitian 图密善

Donatist 多纳图派

Drinkwater, John 约翰·德林克沃特

Droit du sang（法语）血统主义

Droit du sol（法语）属地主义

Dubrovnik 杜布罗夫尼克

Duces（拉丁语）公爵

E

Eudoxius 优多可苏斯

Euric 尤里克

European Community 欧洲共同体

F

Fichte, Johann Gottlieb 约翰·戈特利布·费希特

Flavius Maximus 弗拉维奥·马克西姆斯

Flemings 佛兰芒人

François de Salignac de Fénelon 弗朗索瓦·德·费内隆

Franconia 法兰克尼亚

Frank Bonitus 弗兰克·博尼都斯

Franks 法兰克人

Franz Bopp 弗兰茨·博普

Friesland 弗里斯兰

Frisia 弗里西亚

Frisians 弗里斯兰人

Fritigern 菲列迪根

G

Galerius 伽列里乌斯

Galicia 加利西亚

Galla Placidia 加拉·普拉西提阿

Giscard d'Estaing, Valéry 瓦勒里·季斯卡·德斯坦

Gothic 哥特语

Gratian 格拉提安

Gregory of Tours 图尔的格里高利

Gregory the Great 格里高利一世

Greutungs 格鲁森尼人

Grimm, Jacob 雅克布·格林

Gunderada 冈德拉达

H

Habsburgs 哈布斯堡王朝

Hamilton 汉密尔顿

Hastings 海斯汀家族

Hecata 赫卡塔

Herder, Johann Gottfried 约翰·戈特弗里德·赫尔德

Heider, Jorg 约尔格·海德尔

Helsinki Accords《赫尔辛基协议》

Hengist 亨吉斯特

Heraclitus 赫拉克利特

Heraclius 希拉克略

Hercules 赫拉克勒斯

Hermenigild 赫门尼吉尔德

Ionians 爱奥尼亚人

Irish Republican Army 爱尔兰共和军

Iron Curtain “铁幕”

Isis 伊西斯

Islamization 伊斯兰化

Isperihk 伊斯贝里克

Israel 以色列

J

Jacob 雅各布

Jefferson, Thomas 托马斯·杰斐逊

Jerome 哲罗姆

Jones, Sir William 威廉·琼斯爵士

Jordanes 约达尼斯

Judea 犹太地区

Julian of Toledo 托莱多的尤里安

Julius Caesar 尤里乌斯·凯撒

Junker 容克

Juno 朱诺

Jura 汝拉

Justinian 查士丁尼

Jutes 朱特人

Juthungi 朱桑盖人

K

Khagan 可汗

Klopstock, Friedrich Gottlieb 弗里德里希·戈特利布·克洛卜施托克

Königsberg 柯尼斯堡

Kosovo polje 科索沃波尔耶

Kossinna, Gustaf 古斯塔夫·科辛纳

Kotor 科托尔

Kurds 库尔德人

Kutrigurs 库提格尔人

Kuver 库沃

Kuvrat 库弗拉特

KwaZulu homeland 夸祖鲁黑人家园

KwaZulu-Natal province 夸祖鲁－纳塔尔省

L

Lala 拉拉人

Langres 朗格勒

Laniogaisus 拉尼奥盖苏斯

Le Monde《世界报》

Le Pen, Jean Marie 让 – 玛丽 · 勒庞

Lentienses 兰提恩斯人

Leovigild 利奥维吉尔德

Lessing, Gotthold Ephraim 戈特霍尔德 · 埃夫莱姆 · 莱辛

Lex Ribuaria（拉丁语）《利普里安法典》

Lied der Deutschen《德意志人之歌》

Limes (拉丁语) 界墙

Limitanei（拉丁语）边防部队

Lipoxais 里波克赛司

Liutprand 利乌特普兰德

Livy 李维

Lombard Laws《伦巴底人法》

Lombards 伦巴底人

Lorraine 洛林

Lupus 卢普斯

Lusitian 卢萨蒂亚语

Lutèce（法语）卢泰西

Lutectia Parisiorum (拉丁语) 巴里西人的卢泰西亚

Lycians 吕基亚人

Lydians 吕底亚人

Lyon 里昂

M

Mabhudu 玛布都人

Macedonia 马其顿省

Magyars 马扎尔人

Malandela 马兰德拉

Malarich 玛拉里克

Mallobaudes 马洛巴乌德斯

Mandela, Nelson 纳尔逊·曼德拉

Mangosuthu Buthelezi 曼戈苏图·布特莱齐

Mannus 曼努斯

Marcellinus, Ammianus 阿米阿努斯·马尔切利努斯

Marcian 马尔西安

Marcomanni 马科曼尼人

Marcomer 马尔科梅尔

Marcus Aurelius 马可·奥勒留

Marseille 马赛

Martel, Charles 查理·马特

Massagetae 玛撒该塔伊人

Matieni 玛提耶涅人

Mbo 姆博人

Medes 米底人

Mela 梅拉

Melanchlaeni 美兰克拉伊诺伊人

Mercury 墨丘利

Merovingian 墨洛温王朝

Metamorphoses《金驴记》

Metz 梅斯

Mfule Valley 姆弗勒山谷

Micronationalism 小民族主义

Migration period 大迁徙时代

Milosevic, Slobodan 斯洛博丹·米洛舍维奇

Minos 米诺斯

Mkumbane 姆坤巴纳河

Moesia 默西亚省

Moldavians 摩尔达维亚人

Monumenta Germaniae Historica《日耳曼重要历史文献集》

Morini 莫里尼

Morinus 莫里努斯

Mount Sinai 西奈山

Mpembeni 姆蓬奔尼河

Mthethwa 姆提特瓦人

Mtonjanei 姆同贾纳伊山

Mzimkhulu 姆金库陆河

N

Narbonne 纳博讷

Natal 纳塔尔

Natio（拉丁语）族部

National Front 法国极右翼政党民族阵线

Nationalism 民族主义

Nation-states 民族国家

Natural History《自然史》

Ndwandwe 恩德旺堆人

Nehemiah《尼希密记》

Nemefin 奈麦芬

Nero 尼禄

Neuri 涅乌里人

Neustria 纽斯特里亚

Nguni 恩古尼人

Nitiobroges 尼几阿布及斯人

Normandy 诺曼底

Northern Ireland 北爱尔兰

Ntungwa 恩吞格瓦人

O

Odovacer 奥多亚塞

Ogurs 乌古斯人

Olden Times in Zululand and Natal《祖鲁兰和纳塔尔的旧时代》

Onogurs 欧诺古尔人

Orestes 俄瑞斯忒斯

Orientalism 东方主义

Orospeda 奥洛斯佩达

Ostrogoths 东哥特人

Ottoman Turks 奥斯曼土耳其人

P

Paideia（希腊语）派地亚

Pallas Athena 帕拉斯雅典娜

Pannonia 潘诺尼亚

Paralatatae 帕辣拉泰伊斯基泰人

Patricius（拉丁语）贵族

Paul the Deacon 助祭保罗

Paul 保罗

peoplehood 族群意识

Persian 波斯语，波斯人

Pessinuntia 佩西努提娅

Punic 布匿人

Pyrenees 比利牛斯山

Q

Quadi 夸地人

R

Race 种族

Racism 种族主义

Raetians 拉埃提亚人

Rask, Rasmus 拉斯姆斯·拉斯克

Reccared 雷卡雷德

Reformation 宗教改革

Reimitz, Helmut 赫尔穆特·赖米兹

Religious chauvinism 宗教沙文主义

Remegius of Rheims 兰斯主教雷米乌斯

Remi 雷米

Remus 雷穆斯

Rex francorum（拉丁语）法兰克人的国王

Rhone valley 罗纳河谷

Rhoxolani 罗克索拉尼人

Riga 里加

Right of return 返乡权

Ripuarian Code《利普里安法典》

Romance 罗曼语

Romanians 罗马尼亚人

Romanitas（拉丁语）罗马性

Romulus Augustulus 罗慕路斯·奥古斯都

Rouen 鲁昂

Rugii 鲁基人

S

S. Salvatore 圣萨瓦托

Saint-Simon, Louis de 路易·德·圣西门

Salian Franks 萨利安法兰克人

Salic Law《萨利克法》

Salvian 萨尔维安

Samo 萨蒙

Sardinia 撒丁岛

Sarmatian Iazyges 萨尔马提亚 – 雅济吉斯人

Sarmatians 萨尔马提亚人

Sarpedon 萨耳珀东

Sassanid 萨珊王朝

Sauromatae 撒乌洛玛泰伊人

Savigny, Friedrich Carl von 弗里德里希·卡尔·冯·萨维尼

Saxon 撒克逊人

Saxony 萨克森

Scandinavians 斯堪的纳维亚人

Schelde 斯凯尔特河

Schlegel, Friedrich von 弗里德里希·冯·施勒格尔

Scoti 苏格兰人

Scythae degeneres（拉丁语）低等斯基泰人

Scyths 斯基泰人

Semi-Arian 半阿里乌斯派

Seminar 习明纳尔教学法

Septimania 塞蒂玛尼亚

Septuagint 七十士希腊文《圣经》译本

Serapio 塞拉皮奥

Serbs 塞尔维亚人

Shaka Day 恰卡节

Shaka KaSenzangakhona 恰卡·辛赞格科纳

Sidonius 希多尼乌斯

Silures 西卢尔人

Silvanus 西尔瓦努斯

Silverius 西尔维留

Sirmium 塞尔曼

T

Taifali 泰法尔人

Tarbellian 塔培里人

Targitaos 塔尔吉塔欧斯

Tarraconensis 塔拉科

Tarragona 塔拉戈纳

Teja 特贾

Tervingi 瑟文吉人

Teutates 图塔斯蒂

Teutoburg Forest 条顿堡森林

Teutomeres 条托梅雷斯

Teutonic 条顿人的

Theodehad 狄奥达德

Theodosian Code《狄奥多西法典》

Theodoric the Great 狄奥多里克大帝

Theodoric 狄奥多里克

Theodosius II 狄奥多西二世

Thessaloniki 塞萨洛尼基省

Thracian 色雷斯人（的）

Thuringia 图林吉亚

Thuringians 图林根人

Tirty Years' War 三十年战争

Toledo 托莱多

Tortosa 托尔托萨

Totila 托提拉

Tournai 图尔奈

Tours 图尔

Transylvania 特兰西瓦尼亚

Trever 特雷维

Treveri 特雷维里部落

Tribus（拉丁语）部落

Trier 特里尔

Trogir 特罗吉尔

Trojans 特洛伊人

Troyes 特鲁瓦

Turkic 突厥人

U

Über die Sprache und Weisheit der Inder《印度人的语言和智慧研究》

Ulfilas 乌尔菲拉

Ural 乌拉尔河

Utigurs 乌格提尔人

V

Vaal River 瓦尔河

Valence 瓦朗斯

Valens 瓦伦斯

Valentinian III 瓦伦提尼安三世

Vandals 汪达尔人

Varus 瓦罗斯

Venus Paphia 维纳斯帕菲亚

Verona 维罗那

Vesunnici 维森尼基人

Victor of Vita 维塔的维克多

Vienne 维埃纳

Vilna 维尔那

Virgil 维吉尔

Visigoths 西哥特人

Viviscuan 维维斯古安人

Vlachs 瓦拉几亚人

Völkerwanderung（德语）人口迁徙

Vouillé 武伊勒

W

Walloons 瓦龙人

Warsaw Pact 华沙条约组织

Wends 文德人

Wenskus, Reinhard 莱因哈德 · 文斯库斯

Wickham, Chris 克里斯 · 威克汉姆

Wimpheling, Jacob 雅各布 · 温斐林

Witigis 维蒂吉斯

Woden 沃登

Wolfram, Herwig 赫维希 · 沃尔弗拉姆

Wood, Ian 伊恩 · 伍德

Wright 赖特

Y

Yugoslavia 南斯拉夫

Z

Zadar 扎达尔

Zeno 芝诺皇帝

Zulu 祖鲁人

Zululand 祖鲁兰

Zwelithini, Goodwill 古德威尔 · 兹韦利蒂尼

译后记

在翻译、校对以及漫长的等待之后，我们怀着期待和忐忑的心情迎来了《民族的神话》中文版的付梓。经历了特别的2020年，我们相信这部面向公众、志在解构族群民族主义之毒的作品更加有必要和读者见面了。

帕特里克·格里是西欧中世纪史研究领域中获得欧洲同仁认可的少数美国学者之一。他的学术作品在德国和法国多有发表，《民族的神话》出版后两年内就先后被翻译成法语和德语等欧陆主流学术语言。近十年，欧洲一体化遭遇诸多波折，民族主义回潮，欧洲的身份危机和认同危机已是既成事实，验证了格里教授于2002年在本书中表达的担忧，也让我们对这本书的学术价值和现实意义有了更深层的认识。

翻译这本书时，我们正在法国社会科学高等研究院（EHESS）攻读法国史博士学位。在法国留学多年的体验让我们深刻地认识到，西欧中世纪早期族群演化的历史从未远离当代政治。尽管年鉴学派历史学家马克·布洛赫和法国现任总统马克龙都强调，法兰西民族是基于共同政治认同的共同体，而非基于种族、血缘或宗教的共同体。“旧制度的兰斯大教堂加冕礼和大革命时期的联盟节都是法兰西历史不可否认的一部分。”但是，法国极右翼政党国民阵线依然通过不断扭曲历史为族群民族主义张目，并吸引了大批支持者。国民阵线的第二代领导人玛丽·勒庞甚至在2017年的总统大选中成功地进入了第二轮，成为唯一一位与现任总统马克龙竞争的候选人。大选结果最终揭晓前，我们的老师和同学对此表现出的愤怒与担忧至今仍历历在目。

讽刺的是，极右翼势力对历史抱有的热情似乎超过大部分人。公元500年前后的法兰克军事首领克洛维是法国极右翼政党国民阵线最喜爱的历史人物之一。据统计，从1972至2006年，克洛维被国民阵线提及次数是所有历史人物中第二多的。国民阵线强调克洛维对法兰西民族诞生的决定性作用，认为他的受洗和加冕是法兰克人转变为法兰西民族的标志。但是，格里通过《民族的神话》一书向读者揭示了古代晚期到中世纪早期欧洲族群演化的真实版本。他把克洛维的法兰克王国和其他“蛮族王国”放在了罗马帝国晚期中央与地方关系重建和瓦解的过程中，指出“法兰克人”等族群的称号很大程度上是几个世纪权力冲突和博弈的后果。军事首领利用这些族群标签及其背后的传统和神话组建了新的政治军事同盟，以便维持地方秩序，实现个人或家族的野心。克洛维的法兰克王国只是罗马帝国统治崩溃后不同政治军事组织形式中较为成功的一个，而且各个蛮族族群之间以及蛮族与罗马人之间并不存在不可逾越的身份鸿沟。总之，如果将当时势力范围仅包括现在法国东北部到莱茵河一带的法兰克人军事领袖皈依正统基督教的行为视为法兰西民族诞生的标志，等于无视了族群的融合过程，是用精英视角、本质主义和线性史观扭曲了历史的真实。格里的分析也被法国学界有关克洛维受洗的最新研究所证实（参见 Bruno Dumézil, *Le Baptême de Clovis: 24 décembre 505?,* Paris: Gallimard, 2019）。

纵观全书，格里不仅考证了古典晚期和中世纪早期欧洲的族群演化，还阐述了民族主义史学在1800至1900年形成的过程及其产生的灾难性影响。浪漫主义政治哲学、“科学的”历史学、印欧语文学和民族考古学等看似中立客观的学术工具共同创造了滥用和曲解历史的民族主义史学，为族群民族主义的发展提供了历史依据。作者还指出，将中世纪早期族群身份及其历史领土神圣化的民族主义史学并没有因为两次世界大战的结束而消失，反而在冷战结束后因为意识形态对抗的消除有了抬头的态势。站在2022年来看，格里在2002年提出的担忧不仅完全应验，还因为民族主义和民粹主义的回潮而愈演愈烈。“蛮族迁徙”或者说“蛮族入侵”伴随着难民危机成了近年来欧洲通俗历史的重要主题。不仅如此，作者对掩盖历史上的族群冲突而刻意强调共同身份和文化遗产的历史观也抱有怀疑态度。因为，这无异于用一个神话取代另一个神话，尽管目的看似高尚，但工具化地利用历史同样存在风险。作者在此书出版十年后发表的有关欧洲民族历史的论文中指出，通过书写共同的欧洲历史来创造欧洲民族同样会陷入两难的局面：要忠实于历史，就必然有违初衷，因为，展示欧洲团结的记忆之场（les lieux de mémoire）远比体现欧洲不和的记忆之场要少，而扭曲历史则可能会步民族主义史学的后尘，因为发明新的欧洲民族特性意味着在欧洲内外树立新的假想敌（参见 Patrick Geary, “Europe of Nations or the Nation of Europe: Origin Myths Past and Present”, *Lusophone Journal of Cultural Studies* vol.1, n.1（2013）, pp. 36–49）。

但是，这并不意味着作者认为历史学家对现实毫无责任。除了不为扭曲事实的民族主义史学张目，历史学家有责任用严谨细致的研究向公众展示历史的复杂性和变动性，这至少能让公众在受到充斥着沙文主义和仇外主义的民族主义史学煽动时更加冷静。在第六章，作者为了打破广泛存在的欧洲历史特殊论，展示了19世纪南非祖鲁人迁徙建国的神话和欧洲中世纪早期族群神话在族群建构上的高度相似性。在我们看来，这一部分是本书最精彩的地方，体现了作者学术视野的广阔和论证思路的巧妙。这一例子也提醒我们，民族的神话不仅是欧洲的神话，是全世界所有人都应当警惕的神话，也是全世界历史学家应该发声警示的神话。

本书的内容囊括了从古代希腊到20世纪南非长达两千多年的历史，涉及英语、法语、德语、拉丁语、希腊语等多种古代和现代语言，其中还包括大量历史学科之外的专有名词和概念。作为欧洲史青年研究者，我们在翻译过程中总有学力不逮之感，担心即使倾尽全力，也无法用中文准确流畅地将此佳作呈现给读者。但是，在不完美甚至在错误中学习与探索也是历史学研究者的必经之路，这是我们敢于翻译本书并让它与国内读者见面的勇气来源。正如格里在书中所说的，“所有的翻译都是精雕细琢的谎言”，我们已经尽力做到“精雕细琢”，如若存在因错误导致的“谎言”，我们接受批评。

最后，感谢本书翻译和出版过程中的历任编辑以及为我们提供建议和帮助的老师、朋友们。

吕昭　杨光